5분 논리 사고력 훈련
- 초급 -

5fun de Ronriteki Shikoryoku Drill Chotto Yasashime
© Sony Global Education / Gakken

First published in Japan 2019 by Gakken Plus Co., Ltd., Tokyo
Korean translation Copyright © 2021 by BONUS Publishing Co.
Korean translation rights arranged with Gakken Plus Co., Ltd. through BC Agency

이 책의 한국어판 저작권은 BC에이전시를 통해 저작권자와 독점계약을 맺은 보누스출판사에 있습니다.
저작권법에 의해 보호를 받는 저작물이므로 무단전재와 무단복제를 금합니다.

초등 수학 천재로 키우는

5분 논리 사고력 훈련 초급

소니 글로벌 에듀케이션 지음 | 강태욱 옮김

바이킹

머리말

여러분, 사고하기를 좋아하나요?

소니 글로벌 에듀케이션은 2014년부터 수학을 통해 전 세계 사람들과 사고력으로 경쟁하는 '세계수학대회'(Global Math Challenge)를 개최하고 있습니다.

일본어·영어·중국어, 3개국 언어로 개최되며 지금까지 초등학생을 비롯하여 성인까지 약 30만 명이 참가하였습니다.

세계수학대회에서 출제되는 문제는 정답률이 30%를 밑도는 문제도 많습니다. 참가 후 실시한 설문 조사에서는 약 80%의 사람이 문제가 어렵다고 대답했습니다. 그러나 한편으로는 80% 이상의 사람이 문제가 재미있었다고 대답했습니다.

《5분 논리 사고력 훈련》에는 세계수학대회에 출제될 만한 문제들을 모았습니다. 모든 문제가 지식만으로는 해결할 수 없는, '저절로 사고하게 만드는 재미있는 문제'입니다. 풀었다, 풀지 못했다는 결과가 아닌 풀이로 향하는 과정을 소중히 여기면서 문제를 대하면 좋겠습니다.

사고하고 고민하다 번뜩이는 생각에 문제를 푸는 경험이 기쁨으로 이어집니다.

그러한 경험을 하려면 스스로 사고하는 과정이 필요합니다.

사고하기를 좋아하는 사람은 물론이고, 수학을 잘 못하고 사고하기를 별로 좋아하지 않는 사람일수록 꼭 도전해 보면 좋겠습니다.

자, 우리는

문제와 과제를 해결하는 사고방식에 접근하기 위해

'사고 회로 5단계'를 활용합니다.

이 책은 문제 풀이에 필요한 특정 사고 회로의 내용을 장마다 나누어 담았습니다. 5가지 사고 회로를 배우면 자신이 무엇을 생각할 때의 특징이나 잘하는 사고 방식을 파악할 수 있습니다.

사고 회로 5단계에 관해서는 이 책의 8~10쪽에 자세히 적어 두었습니다.

사고 회로 5단계를 사용하여 '사고하는 행위'는 어른이 되어 사회에 나가서도 필요합니다.

컴퓨터 기술이 발전하고 AI가 침투하기 시작한 사회에서 스스로 사고할 수 있는 힘은 점점 더 중요해질 것입니다.

한 명이라도 더 많은 사람이 이 책에 나오는 문제를 통해 논리 사고력을 단련하고 사고하기를 즐기는 경험을 할 수 있기를 바랍니다.

소니 글로벌 에듀케이션

5분 논리 사고력 훈련
- 초급 -

차례

문제 해결력을 높이는 사고 회로 5단계를 사용하자! ·········· 8

제 1 장 스캔 회로

1	어느 것이 더 비쌀까? ·········· 13
2	가장 먼저 탈 놀이 기구는? ·········· 15
3	주사위 놀이 ·········· 17
4	거리 두기 ·········· 19
5	카드는 몇 장? ·········· 21
6	펜 길이 ·········· 23
7	일의 자리 숫자가 3인 숫자 ·········· 25

제 2 장 크리에이트 회로

1	수리검의 크기 ·········· 29
2	누가 한 말일까? ·········· 31
3	종이 크기 ·········· 33
4	고른 카드는? ·········· 35
5	종이 세 장 ·········· 37
6	토너먼트 경기 수 ·········· 39
7	친구와 게임해요 ·········· 41

제 3 장 리버스 회로

1	신발장 위치	45
2	이번 주 날씨	47
3	쿠키를 사러 가자	49
4	8월 1일은 무슨 요일?	51
5	시곗바늘이 빠진 시계	53
6	카드 나누기	55
7	비긴 경기 수는 몇 번?	57

제 4 장 노크 회로

1	둥근 테이블을 둘러싸고	61
2	카드 세 장	63
3	토핑은 무엇일까?	65
4	사이좋게 나누자	67
5	숫자 맞히기 게임	69
6	타일 모양	71
7	숫자 스티커를 이용해서	73

제 5 장 스텝 회로

1	하트 티셔츠	77
2	같은 숫자로	79
3	사탕 세 개	81
4	귤 몇 개 무게일까?	83
5	딸기 따기	85
6	파이프를 타고 흐르는 물	87
7	몇 번 이겼을까?	89

해답 ······ 97

5 단계 사고 회로를 사용하자!

논리 사고력이란 간단히 말하면 문제를 해결하기 위해 조리 있게 생각하는 힘을 뜻합니다. 이 책에서는 논리 사고력을 자세하게 5단계 회로로 나누었습니다.

- 스캔 회로 [독해하기] ………… 문제의 본질 꿰뚫기
- 크리에이트 회로 [떠올리기] ………… 생각하지 못했던 새로운 방법 떠올리기
- 리버스 회로 [역산하기] ………… 문제 해결을 위해 어떻게 하면 좋을지 역산하기
- 노크 회로 [밝혀내기] ………… 온갖 가능성을 모두 밝혀내기
- 스텝 회로 [구성하기] ………… '이렇게 하면, 이렇게 될 거야' 해결 순서 구성하기

각 회로에 관해 간단히 알아봅시다.

TYPE 1 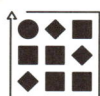 스캔 회로

→ 독해하기

탐정은 뛰어난 추리를 하기 위해 먼저 사건 현장을 샅샅이 조사합니다. 문이 잠겨 있는지, 수상한 물건이 떨어져 있지 않은지 등등 말이죠. 마찬가지로 문제의 글과 그림을 통해 필요한 정보를 독해하는 것이 스캔 회로입니다.

SCAN

TYPE 2  크리에이트 회로

→ 떠올리기

주변 사물을 각각 정면·측면·윗면에서 보면 전혀 다른 모양이 되니 신기한 일이죠. 마찬가지로 문제와 과제를 다른 시점에서 볼 때 생각지 못한 해결 방법이 떠오르기도 합니다. 이것이 바로 크리에이트 회로입니다.

CREATE

TYPE 3  리버스 회로

→ 역산하기

미로에 도전할 때는 무작정 나아가지 않고 도착 지점에서 시작 지점까지의 길을 거꾸로 따라가면 효율적으로 나아갈 수 있습니다. 이렇게 문제가 해결되는 양상을 상상하며 역산하는 것이 리버스 회로입니다.

REVERSE

TYPE 4 노크 회로

→ 밝혀내기

화장실에 가고 싶을 때! 비어 있는 곳을 찾기 위해 하나하나 문을 두드립니다. 이렇게 모든 가능성을 빠짐없이, 중복 없이 밝혀내는 것이 노크 회로입니다.

KNOCK

TYPE 5 스텝 회로

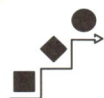

→ 구성하기

계단을 오를 때는 하나씩 밟고 올라가죠. 이때 계단이 한 칸이라도 빠져 있으면 올라가기가 힘이 듭니다. 마찬가지로 문제 해결을 위해 하나하나 순서를 올바르게 구성하는 것이 바로 스텝 회로입니다.

STEP

1

제 1 장 스캔 회로

SCAN

제 1 장 스캔 회로

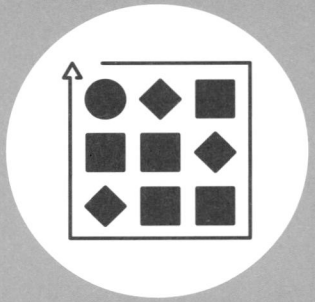

문제의 본질 꿰뚫기

01 어느 것이 더 비쌀까?

성민이 과자를 사러 나섰습니다.

가진 돈으로 최대한 많은 비스킷을 산 뒤 남은 돈으로 초콜릿을 1개 샀습니다.

문제 비스킷 1개와 초콜릿 1개 중에서 어느 것이 더 비쌀까요?

(   )

5분 동안 생각해도 모르겠다면 다음 페이지에 있는 힌트로 ➡

힌트 1
최대한 많이 사고 남은 돈의 의미는?

비스킷을 최대한 많이 사고 남은 돈이니 그 돈으로는 더 이상 비스킷을 1개도 사지 못한다는 뜻입니다.

힌트 2
남은 돈으로 초콜릿 1개를 살 수 있었다는 의미는?

남은 돈으로 비스킷 1개는 살 수 없지만 초콜릿은 1개를 살 수 있었다는 말이니 어느 것이 비싼지 알 수 있겠죠.

힌트를 봐도 풀지 못하겠다면 해답으로 ➡ 97쪽

02 가장 먼저 탈 놀이 기구는?

난이도 ★☆☆
풀이시간 5분

방학을 맞아 친구들 6명은 놀이공원으로 놀러 갔습니다.
친구들은 자기가 타고 싶은 놀이 기구를 2개씩 골랐습니다.

 민지   관람차 또는 고카트

 영미   바이킹 또는 고카트

 준호   고카트 또는 회전컵

 태현   바이킹 또는 회전컵

 미소   관람차 또는 바이킹

 정수   회전컵 또는 바이킹

먼저, 친구들이 가장 많이 타고 싶어 하는 놀이 기구가 있는 곳으로 가기로 했습니다.

문제 친구들이 가장 먼저 탈 놀이 기구는 무엇일까요?

(   )

5분 동안 생각해도 모르겠다면 다음 페이지에 있는 힌트로 ➡

힌트 1

각각의 놀이 기구를 타고 싶어 하는 사람은 몇 명 있을까?

각각의 놀이 기구에 몇 명이 타러 가고 싶어 하는지를 정리해 봅시다.
　이럴 때는 표로 나타내면 알기 쉽습니다. 민지의 의견을 적으면 다음과 같이 나타낼 수 있습니다.
　다른 다섯 명의 의견도 적어 봅시다.

	관람차	고카트	바이킹	회전컵
민지	○	○		
영미				
준호				
태현				
미소				
정수				
인원수				

힌트를 봐도 풀지 못하겠다면 해답으로 ➡ 97쪽

03 주사위 놀이

난이도 ★★☆
풀이시간 5분

수미와 태환이 주사위 놀이를 하고 있습니다.
수미와 태환 사이에는 3칸이 있습니다.
태환은 주사위에서 숫자 6이 나와 수미를 추월했습니다.

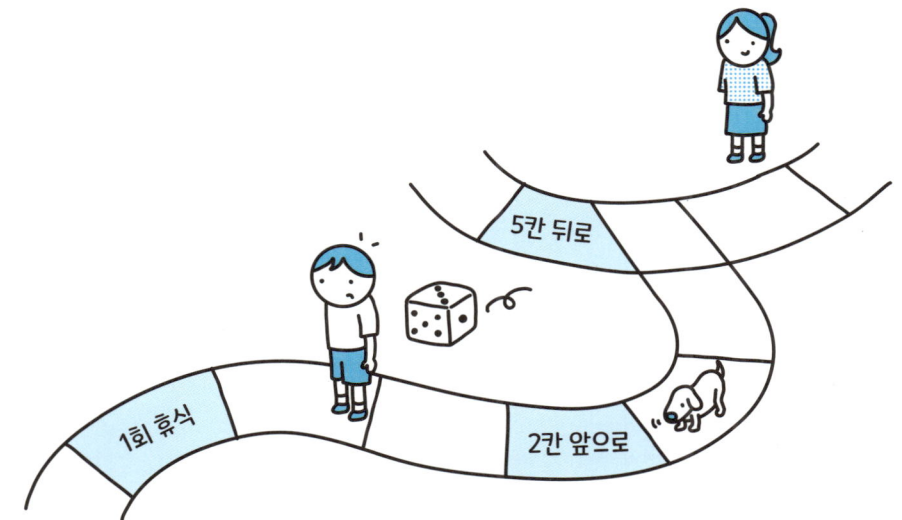

문제 현재 수미와 태환 사이는 몇 칸일까요?

(   ) 칸

5분 동안 생각해도 모르겠다면 다음 페이지에 있는 힌트로 ➡

힌트 1

두 사람 사이에 몇 칸이 있는지를 올바르게 떠올려 보자.

태환이 6칸 앞으로 가서 추월했다는 말은 처음에는 태환이 수미 뒤에 있었다는 뜻입니다. 여기서 '두 사람 사이에 몇 칸이 있다'라는 상황을 올바르게 떠올릴 수 있는지가 중요합니다.

힌트 2

그림을 그려 보자.

태환과 수미의 위치는 처음에 아래와 같았을 것입니다.

→	태환				수미			

힌트를 봐도 풀지 못하겠다면 해답으로 ➡ 98쪽

04 거리 두기

공원에 11인용 벤치가 있고, 몇 명이 앉아 있습니다.
앉아 있는 사람의 옆자리는 반드시 비어 있습니다.

문제 벤치에는 몇 명의 사람이 앉아 있을까요?
생각할 수 있는 인원 중 가장 많은 수로 대답해 주세요.

(   ) 명

5분 동안 생각해도 모르겠다면 다음 페이지에 있는 힌트로 ➡

힌트 1

그림으로 나타내 보자.

11인용 벤치의 자리를 아래처럼 동그라미로 나타내 봅시다.

◯ ◯ ◯ ◯ ◯ ◯ ◯ ◯ ◯ ◯ ◯

문제에서 말하는 대로 사람이 앉아 있는 자리를 색칠하면서 생각해 봅시다.

힌트 2

앉아 있는 인원이 가장 많아질 때는 어떤 경우일까?

앉아 있는 사람의 옆자리는 반드시 비어야 하고, 동시에 앉아 있는 사람의 수는 가장 많은 경우를 생각하면 되겠죠.

앉아 있는 사람의 옆자리는 비우면서 최대한 붙여 앉으려면 어떻게 해야 좋을지, 힌트 1 에서 나타낸 그림에 앉을 곳을 색칠하며 생각해 봅시다.

힌트를 봐도 풀지 못하겠다면 해답으로 ➡ 99쪽

05 카드는 몇 장?

하늘, 진수, 해주, 니나가 도둑잡기 놀이를 하고 있습니다.

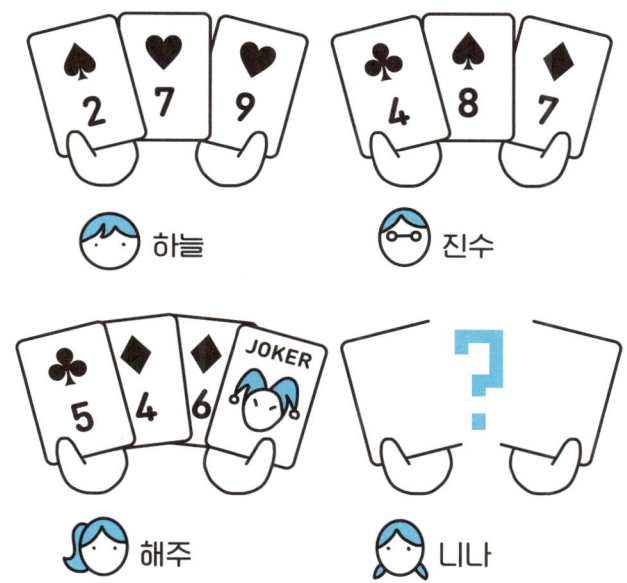

문제 니나는 카드를 몇 장 가지고 있을까요?

(   ) 장

5분 동안 생각해도 모르겠다면 다음 페이지에 있는 힌트로 ➡

힌트 1

도둑잡기 놀이의 규칙을 통해 네 명의 카드 조건을 생각해 보자.

도둑잡기는 가지고 있는 카드의 숫자가 짝을 이루면 손에서 버리고, 마지막에 조커를 가지고 있는 사람이 지게 됩니다.

　이 규칙을 통해 다음 사항을 생각하며 네 명이 가진 카드의 조건을 추리해 봅시다.

- 조커는 전부 몇 장이 있을까?
- 카드 무늬는 생각해야 할까?
- 네 명의 카드를 모으면 같은 숫자 카드가 몇 장 있을까?
- 니나는 같은 숫자의 카드를 가지고 있을 수 있을까?

힌트 2

세 명이 가지고 있는 카드를 통해 같은 숫자 카드와 조커를 제외하자.

힌트 ①의 조건을 통해 하늘, 진수, 해주가 가지고 있는 카드 중에서 같은 숫자 카드와 조커를 제외하고 남은 카드와 같은 숫자 카드를 니나가 가지게 될 것입니다.

힌트를 봐도 풀지 못하겠다면 해답으로 ➡ 100쪽

06 펜 길이

난이도 ★★★
풀이시간 5분

은우는 펜을 두 자루 가지고 있습니다.
펜 두 자루의 길이 차이는 5cm입니다.
펜 두 자루를 연필꽂이에 일직선으로 세워 꽂으니 긴 펜은 절반이, 짧은 펜은 3cm가 보였습니다.

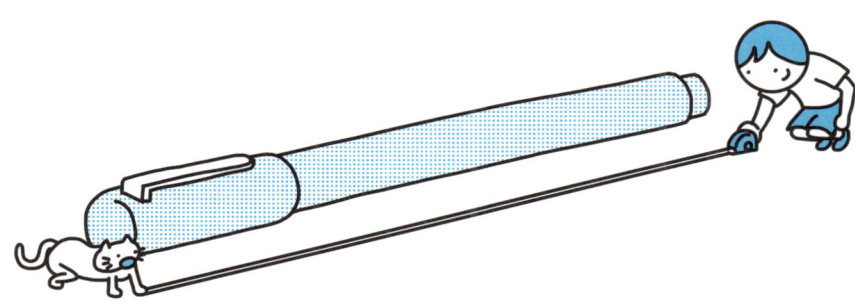

문제 짧은 펜 길이는 몇 cm일까요?

(   ) cm

5분 동안 생각해도 모르겠다면 다음 페이지에 있는 힌트로 ➡

힌트 1 : 그림을 그려서 생각해 보자.

문제를 통해 길이를 알고 있는 부분을 정리하여 그림으로 나타내 봅시다.

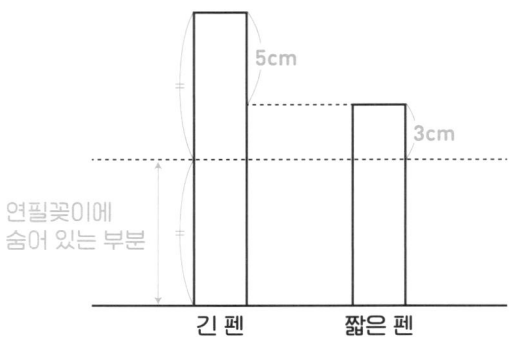

힌트 2 : 긴 펜의 길이를 구하자.

긴 펜이 보이는 부분의 길이는 3 + 5 = 8(cm)입니다.

이 길이는 긴 펜의 절반에 해당하니까 긴 펜의 길이는 8 × 2 = 16(cm)이라는 것을 알 수 있습니다.

이제 짧은 펜의 길이를 구할 수 있을 것 같네요.

힌트를 봐도 풀지 못하겠다면 해답으로 ➡ 102쪽

07 일의 자리 수가 3인 숫자

난이도 ★★★
풀이시간 5분

시윤은 1~999까지의 숫자 중에서 일의 자리가 3인 숫자를 전부 적었습니다.

문제 몇 개의 숫자를 썼을까요?

(   ) 개

힌트 1

먼저 1~99까지의 규칙을 찾자.

일의 자리 수가 3인 숫자를 작은 것부터 써 봅시다. 적은 숫자를 통해 규칙을 찾습니다.

(3, 13, 23,   )

힌트 2

100~199, 200~299, 300~399, ……, 900~999까지 백의 자리 수도 마찬가지로 생각해 보자.

힌트 1 에서 발견한 규칙을 이용하여 100 이상이 넘는 숫자도 생각해 봅시다.
물론 시간은 걸리겠지만 모든 수를 적어도 괜찮습니다.

힌트를 봐도 풀지 못하겠다면 해답으로 ➡ 103쪽

2

제 2 장 **크리에이트 회로**

CREATE

제 2 장 **크리에이트 회로**

새로운

방법

떠올리기

01 수리검의 크기

난이도 ★☆☆

풀이시간 **5분**

민호는 작은 정사각형 눈금이 있는 벽에 페인트로 작은 수리검을 칠했습니다.

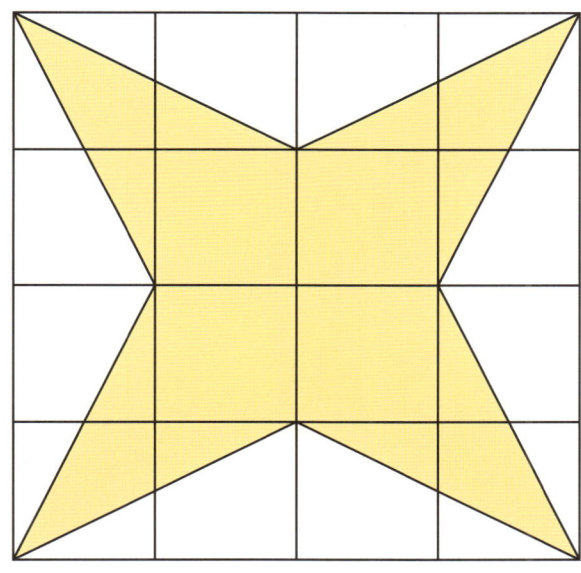

문제 수리검의 크기는 정사각형 몇 칸에 해당할까요?

(   ) 칸

5분 동안 생각해도 모르겠다면 다음 페이지에 있는 힌트로 ➡

\ 힌트 /

1 수리검 모양이 칠해지지 않은 곳에 주목하자.

수리검은 모양이 뾰족해서 크기를 구하기가 어려워 보입니다.
　수리검이 칠해지지 않은 곳에 주목해 보세요. 크기를 알 수 있는 삼각형을 찾을 수 있을 거예요.

\ 힌트 /

2 큰 삼각형 4개는 정사각형 몇 칸에 해당할까?

오른쪽 그림에서 보이는 색이 칠해진 커다란 삼각형 4개가 정사각형 몇 칸에 해당할지 생각해 봅시다.
　삼각형 1개가 정사각형 4칸의 절반(정사각형 2칸)이라는 것을 알 수 있네요.

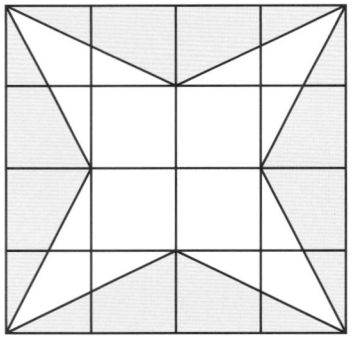

힌트를 봐도 풀지 못하겠다면 해답으로 ➡ 104쪽

02 누가 한 말일까?

난이도 ★☆☆
풀이시간 5분

하늘, 진수, 니나, 해주, 네 명이 줄넘기 시합을 했습니다.
1위는 니나, 2위는 진수, 3위는 하늘, 4위는 해주였습니다.

문제 아이들이 한 말이 전부 올바르게 되도록
선을 그어 짝을 맞추세요.

하늘 •	• 진수를 이겼어
진수 •	• 니나한테 졌어
니나 •	• 해주를 이겼어
해주 •	• 하늘을 이겼어

5분 동안 생각해도 모르겠다면 다음 페이지에 있는 힌트로 ➡

힌트 1
따옴표 안의 말을 할 수 있는 사람이 누구인지 정리해 보자.

"진수를 이겼어"라고 말할 수 있는 사람은?
답 : 니나

"니나한테 졌어"라고 말할 수 있는 사람은?
답 : 진수, 하늘, 해주

"해주를 이겼어"라고 말할 수 있는 사람은?
답 : (   )

"하늘을 이겼어"라고 말할 수 있는 사람은?
답 : (   )

힌트 2
인물을 기준으로 생각하지 말고 말을 기준으로 생각해 보자.

먼저 해당하는 말을 할 수 있는 사람부터 찾아서 말과 짝을 지어 봅시다.

힌트를 봐도 풀지 못하겠다면 해답으로 ➡ 106쪽

03 종이 크기

해주와 진수는 미술 시간에 쓰려고 정사각형 종이를 아래와 같이 잘라 둘이서 나누었습니다.

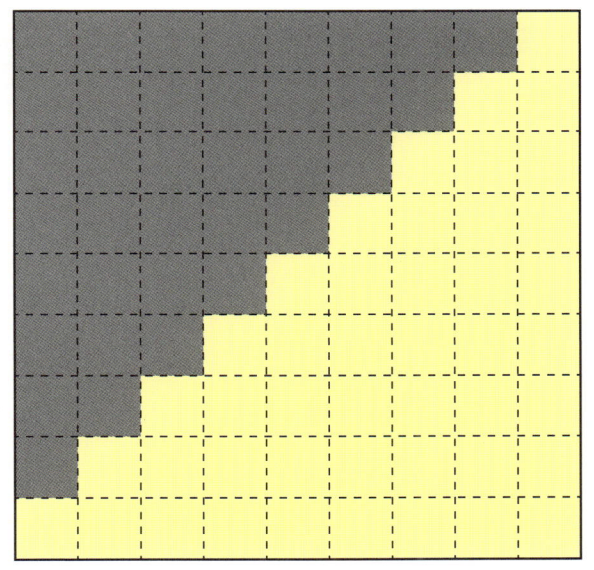

문제 누구의 종이가 몇 칸 더 많을까요?

(   ) 종이가 (   ) 칸 더 많다

5분 동안 생각해도 모르겠다면 다음 페이지에 있는 힌트로 ➡

힌트 1

되도록 계산하지 않고 구할 방법은 없을까?

해주와 진수의 종이가 각각 몇 칸인지 세어 그 차이를 구해도 괜찮지만, 더 편하게 구할 방법이 없는지 생각해 봅시다.

힌트 2

해주의 종이를 회전해 보면······.

해주의 종이를 돌려 보면 진수의 종이와 크기가 얼마나 차이 나는지 알 수 있습니다.

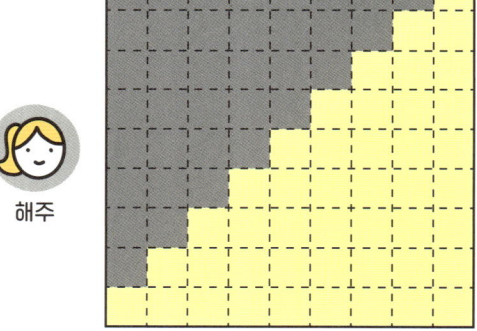
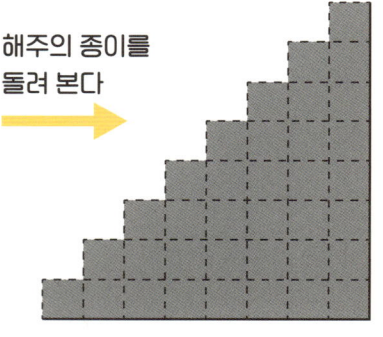

해주의 종이를 돌려 본다

힌트를 봐도 풀지 못하겠다면 해답으로 ➡ 108쪽

04 고른 카드는?

난이도 ★★☆

풀이시간 **5**분

1, 2, 3, 7, 8, 12, 14, 20 숫자가 적힌 카드가 여덟 장 있습니다.
이 중에서 여섯 장을 골라 숫자를 더하니 53이 나왔습니다.

> **문제** 고른 카드 여섯 장에 동그라미를 쳐 볼까요?
>
> 1, 2, 3, 7, 8, 12, 14, 20

5분 동안 생각해도 모르겠다면 다음 페이지에 있는 힌트로 ➡

힌트 1

고른 카드 여섯 장을 찾기보다 편한 방법을 생각해 보자.

카드 여섯 장의 합계가 53이 되는 조합을 이것저것 시도하며 찾으면 계산을 여러 번 하게 되므로 힘이 듭니다.

'카드 여섯 장의 조합 직접 찾기' 말고 다른 방법을 생각해 봅시다.

힌트 2

고르지 않은 카드 두 장에 주목하자.

카드 여덟 장의 숫자를 모두 더하면 합계를 계산할 수 있습니다. 그 값에서 53을 빼면 고르지 않은 카드 두 장의 숫자 합계를 알 수 있습니다.

카드 여섯 장의 숫자를 더해서 53이 되는 조합을 찾는 것보다, 고르지 않은 카드 두 장의 숫자 합계가 나오는 조합을 찾는 편이 더 간단해 보이네요.

힌트를 봐도 풀지 못하겠다면 해답으로 ➡ 108쪽

05 종이 세 장

난이도 ★★★
풀이시간 5분

크기가 다른 정사각형 종이 세 장을 나열해 보니 아래처럼 되었습니다.

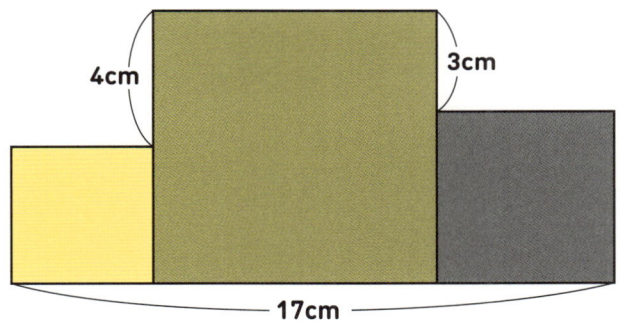

문제 중앙에 있는 정사각형 종이의 한 변 길이는 몇 cm일까요?

(　　　) cm

5분 동안 생각해도 모르겠다면 다음 페이지에 있는 힌트로 ➡

힌트 1

어디와 어디가 같은 길이인지 생각해 보자.

그림에 있는 17cm는 정사각형 세 개의 한 변 길이를 모두 더한 값입니다.

이 17cm를 옮겨서 다른 부분의 길이로 나타낼 수 있을지 생각해 봅시다.

힌트 2

4+17+3(cm)은 중앙에 있는 정사각형의 변 몇 개 길이와 같을까?

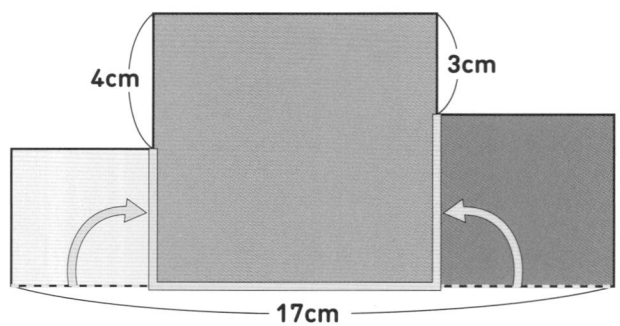

힌트 ①의 17cm는 위의 그림에서 두꺼운 선으로 표시된 부분으로 옮겨 나타낼 수 있습니다.

이렇게 하면 4+17+3(cm)은 중앙에 있는 정사각형의 변 중 위쪽 세 개 변의 길이와 같습니다.

힌트를 봐도 풀지 못하겠다면 해답으로 ➡ 109쪽

06 토너먼트 경기 수

난이도 ★★★
풀이시간 5분

학교에서 반 대항전으로 피구 대회를 열었습니다.
모두 32개의 반이 참가하였고 토너먼트 방식으로 1개의 반을 우승자로 정했습니다.

문제 모두 몇 경기를 치렀을까요?

(   ) 경기

5분 동안 생각해도 모르겠다면 다음 페이지에 있는 힌트로 →

힌트 1
과연 경기 수와 같은 숫자가 되는 '무언가'가 있을까?

문제는 총 몇 경기를 했는지 묻고 있습니다.

토너먼트 그림을 그린 뒤 세어도 되지만, 경기 수가 아닌 무언가에 주목한다면 생각하기 쉬워집니다.

경기 하나마다 하나씩 생기는 무언가에 주목해 봅시다.

힌트 2
힌트 1의 답은 '지는 반'

경기를 한 번 치를 때마다 지는 반이 하나씩 생깁니다.

32개 반 중에서 한 번도 지지 않은 반은 우승하는 반 하나뿐입니다. 그렇다면 총 몇 경기를 치렀을까요?

힌트를 봐도 풀지 못하겠다면 해답으로 ➡ 110쪽

07 친구와 게임해요

난이도 ★★★
풀이시간 5분

진수, 하늘, 민수, 세 명이 TV 게임을 하며 놀았습니다.
게임은 항상 두 명이 함께 했고, 남은 한 명은 그동안 책을 읽으며 기다렸습니다.
게임을 한 시간은 진수가 35분, 하늘이 30분, 민수가 25분이었습니다.

문제 하늘과 민수가 함께 게임을 한 시간은 몇 분일까요?

(   ) 분

5분 동안 생각해도 모르겠다면 다음 페이지에 있는 힌트로 ➡

힌트 1: 게임기를 사용한 시간을 생각해 보자.

진수, 하늘, 민수, 세 명이 언제 게임을 하고 책을 읽었는지 자세하게 파악하기는 어렵습니다.

관점을 바꿔서 게임기를 사용한 총 시간에 주목해 봅시다.

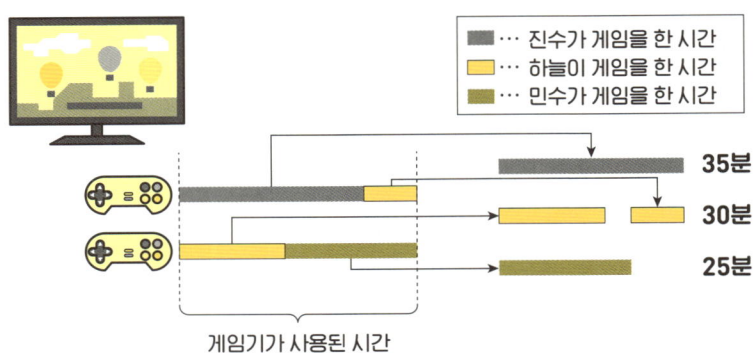

예를 들어 위의 그림처럼 순서대로 게임을 했다고 가정해 봅시다. 이때 항상 어떤 두 명이 게임을 하고 있다는 것을 알 수 있습니다. 그리고 세 명이 게임을 하며 논 시간은 각각 35분, 30분, 25분이라는 것을 문제를 통해 알 수 있습니다.

게임기를 사용한 시간은 세 명이 게임을 하며 논 시간을 다 더한 시간의 절반입니다.

따라서 (35+30+25)÷2 = 45(분)입니다.

그리고 하늘과 민수가 같이 게임을 한 시간은, 진수가 게임을 하지 않은 시간과 똑같다는 사실을 통해 구할 수 있을 것 같습니다.

힌트를 봐도 풀지 못하겠다면 해답으로 ➡ 112쪽

3

제 3 장 **리버스 회로**

REVERSE

제 3 장 리버스 회로

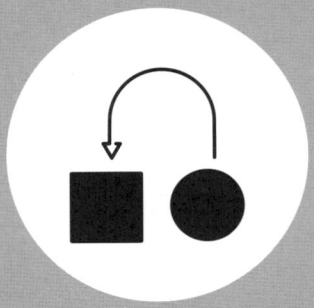

목표에서
해결 방법
역산하기

01 신발장 위치

난이도 ★☆☆
풀이시간 **5**분

유미 : "내 신발장 위치는 오른쪽에 하트, 아래쪽에 스페이드 무늬가 있어."

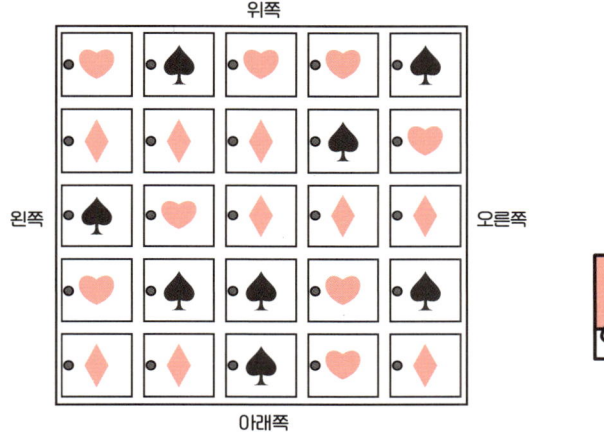

문제 유미 신발장 위치에 동그라미를 치세요.

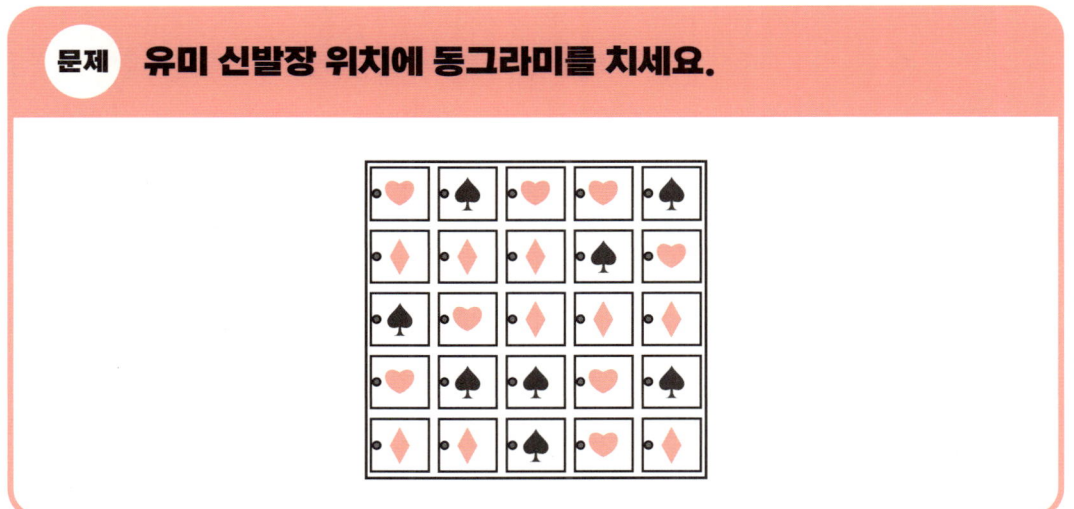

5분 동안 생각해도 모르겠다면 다음 페이지에 있는 힌트로 ➡

\ 힌트 /

1 2가지 조건을 동시에 확인하지 않기.

'오른쪽이 하트', '아래쪽이 스페이드'라는 두 가지 조건에 부합하는 곳이 유미의 신발장 위치입니다. 각 신발장이 두 가지 조건에 맞는지 일일이 확인하기는 번거롭습니다.

　먼저 첫 번째 조건인 '오른쪽이 하트'에 해당하는 신발장을 찾아봅시다.

\ 힌트 /

2 오른쪽이 하트인 곳은?

첫 번째 조건, '오른쪽이 하트'인 곳을 찾습니다. 오른쪽이 하트인 곳이라는 말은 '하트의 왼쪽'에 해당하는 곳을 남기면 된다는 뜻입니다. 이를 제외한 장소는 ×로 표시하며 찾습니다.

　남은 여섯 곳 중에서 두 번째 조건인 '아래쪽이 스페이드'에 해당하는 곳을 찾아봅시다.

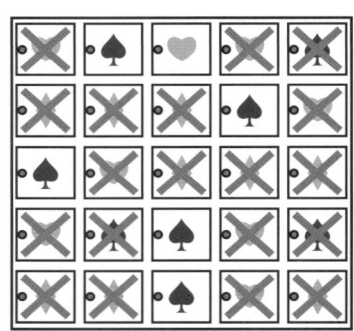

힌트를 봐도 풀지 못하겠다면 해답으로 ➡ 113쪽

02 이번 주 날씨

난이도 ★☆☆
풀이시간 **5**분

진수는 매일 일기를 쓰는데 이번 주 월요일부터 금요일까지 날씨를 적는 것을 까먹고 말았습니다.

진수는 월요일부터 금요일까지의 날씨에 대해 이렇게 이야기합니다.

> 진수 : "맑은 날은 이틀, 흐린 날은 하루, 비가 온 날은 이틀이었고 같은 날씨가 이어진 날은 없었어. 비가 온 날의 전날은 맑지 않았어."

문제 진수의 기억을 토대로 날씨를 요일에 맞게 적으세요.
(예: 맑음, 흐림, 비)

월요일 (   ), 화요일 (   ), 수요일 (   ),
목요일 (   ), 금요일 (   )

5분 동안 생각해도 모르겠다면 다음 페이지에 있는 힌트로 ➡

힌트 1

비가 온 날의 전날은 맑지 않았다는 말에서 알 수 있는 것은?

진수는 비가 온 날의 전날은 맑지 않았고, 같은 날씨가 이어진 날은 없었다고 말하고 있으므로 비가 온 날의 전날은 흐림이었다는 것을 알 수 있습니다.

힌트 2

비가 온 날이 이틀, 흐린 날이 하루라는 사실을 통해 알 수 있는 것은?

비가 온 날의 전날은 흐림입니다. 그런데 비가 온 날이 이틀이고 흐린 날이 하루라고 했으므로 전날이 없는 월요일은 비가 내렸다는 말이 됩니다. 같은 날씨가 이어지지 않도록 화요일부터 금요일까지의 날씨를 채워 넣어 봅시다.

, ,

월	화	수	목	금
비				

힌트를 봐도 풀지 못하겠다면 해답으로 ➡ 114쪽

03 쿠키를 사러 가자

난이도 ★★☆

풀이시간 5분

민석, 도윤, 해주, 세 명은 초콜릿 맛 쿠키와 우유 맛 쿠키를 샀습니다.
세 명은 초콜릿 맛 쿠키를 각각 1개, 2개, 3개를 샀고 우유 맛 쿠키를 각각 1개, 2개, 3개를 샀습니다.

민석 : "나는 우유 맛을 3개 샀어."
도윤 : "나는 모두 5개 샀어."
해주 : "각자 산 쿠키 개수 합이 다르네."

문제 해주는 초콜릿 맛 쿠키와 우유 맛 쿠키를 각각 몇 개 샀을까요?

초콜릿 맛 쿠키 (　　　) 개, 우유 맛 쿠키 (　　　) 개

5분 동안 생각해도 모르겠다면 다음 페이지에 있는 힌트로 ➡

힌트 1 — 표로 정리해 보자.

민석, 도윤, 해주가 각각 산 쿠키 수를 표로 정리해 봅시다. 먼저 민석과 도윤이 한 말을 통해 알 수 있는 것부터 적습니다.

	초콜릿 맛	우유 맛	합계
민석			
도윤			
해주			

힌트 2 — 문제에 주목해 보자.

- 초콜릿 맛 쿠키를 세 명이 각각 1개, 2개, 3개 샀다.
- 우유 맛 쿠키도 세 명이 각각 1개, 2개, 3개 샀다.

이렇게 적혀 있습니다. 도윤이 산 쿠키의 합계가 5개라는 말은 초콜릿 맛과 우유 맛 중에서 하나는 2개를 사고 나머지 하나는 3개를 샀다는 뜻입니다.
    이 사실과 민석이 한 말을 통해 먼저 도윤이 산 우유 맛 쿠키의 개수를 구해 봅시다. 그리고 해주가 한 말에 주목하여 표의 남은 부분을 채워 넣어 봅시다.

힌트를 봐도 풀지 못하겠다면 해답으로 ➡ 114쪽

04 8월 1일은 무슨 요일?

난이도 ★★☆
풀이시간 5분

어떤 해의 8월은 일요일과 수요일의 날수가 같습니다.

| 문제 | 이 해의 8월 1일은 무슨 요일일까요? |

(   ) 요일

5분 동안 생각해도 모르겠다면 다음 페이지에 있는 힌트로 ➡

\ 힌트 /

1 요일과 상관없이 달력을 만들어 보자.

8월은 며칠까지 있을까요?

달력은 보통 일요일이나 월요일부터 시작하지만 그렇지 않은 달력을 만들어 봅시다.

먼저 아래 표에서 1일의 자리를 정하고 달력의 다른 날짜를 채워 봅시다.

○요일	○요일	○요일	○요일	○요일	○요일	○요일
1						

\ 힌트 /

2 만든 달력에 요일을 넣어 보자.

문제의 조건에 맞도록 요일을 생각해 봅시다.

위에 만든 달력을 이용해 봅시다.

힌트를 봐도 풀지 못하겠다면 해답으로 ➡ 116쪽

05 시곗바늘이 빠진 시계

난이도 ★★☆
풀이시간 5분

주원이 동그란 모양의 시계를 떨어뜨려 긴 시곗바늘이 빠지고 말았습니다. 현재 시각은 3시 50분입니다.

문제 올바른 위치에 긴 시곗바늘을 그려 넣으세요.

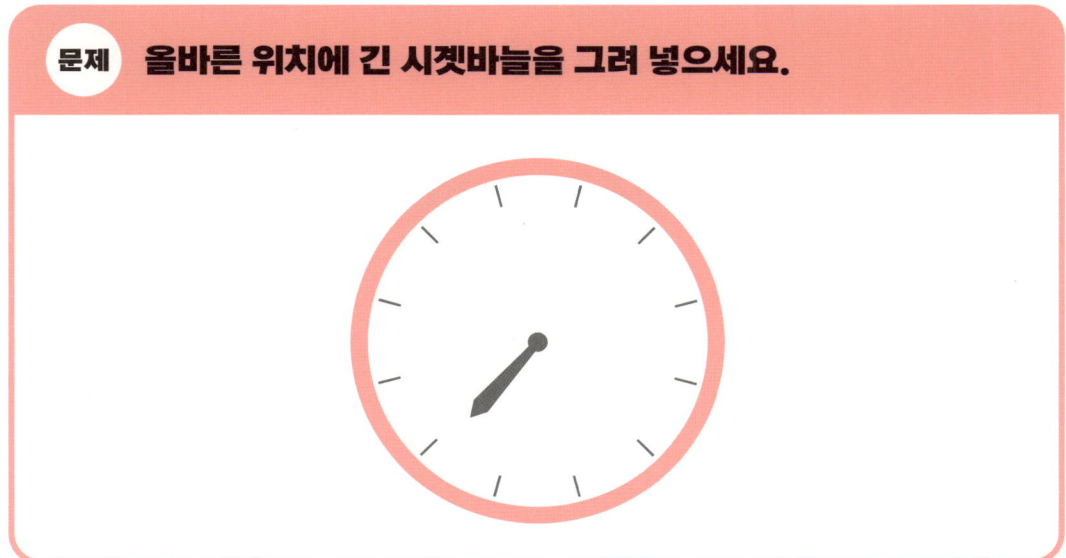

5분 동안 생각해도 모르겠다면 다음 페이지에 있는 힌트로 ➡

힌트 1

3시 50분인 시계에서 두 바늘이 가리키는 곳을 확인하자.

3시 50분에 시계의 두 바늘은 어디를 가리켜야 할까요?

숫자가 적힌 시계라고 가정하면 긴 바늘은 10, 짧은 바늘은 3과 4 사이를 가리키고 있을 거예요.

문제에 그려진 시계에 숫자를 적어 봅시다.

힌트를 봐도 풀지 못하겠다면 해답으로 ➡ 118쪽

06 카드 나누기

난이도 ★★★
풀이시간 5분

소정과 친구들이 카드 게임을 하고 있습니다.
조커 카드를 1장 포함한 카드 53장을 균일하게 가지도록 나누었더니 카드를 8장 가진 사람과 9장을 가진 사람이 나왔습니다.

문제 몇 명이 카드 게임을 하고 있을까요?

(   ) 명

5분 동안 생각해도 모르겠다면 다음 페이지에 있는 힌트로 ➡

\힌트/
1 **나눗셈으로 생각해 보자.**

카드 53장을 모든 사람이 균일하게 가지도록 나누었기 때문에 나눗셈으로 답을 구할 수 있을 것 같습니다.
    카드를 8장 가지고 있는 사람과 9장을 가지고 있는 사람이 있다는 말은, 모든 사람에게 8장씩 나눈 뒤에 남은 카드를 몇 명에게 나누어 주었다는 뜻이라고 생각할 수 있습니다.

\힌트/
2 **나눗셈식으로 나타내 보자.**

힌트 ①을 토대로 카드 게임을 하는 인원수를 □명이라고 했을 때,

    53÷□=8(몫)…?(나머지)

이때 나머지는 □보다 작은 수라면 무엇이든 들어가도 된다는 것을 알 수 있습니다. 53을 무엇으로 나누면 몫이 8이 되는지 생각해 봅시다.

힌트를 봐도 풀지 못하겠다면 해답으로 ➡ 118쪽

07 비긴 경기 수는 몇 번?

난이도 ★★★

풀이시간 5분

축구 대회가 열렸습니다. A, B, C, D 네 팀이 각각 다른 모든 팀과 대결했습니다. 경기에서 이기면 3점, 지면 0점, 비기면 1점의 점수를 받습니다.

모든 경기가 끝나고 점수를 계산해 보니 A팀은 1점, B팀은 7점, C팀은 6점, D팀은 2점을 받았습니다.

문제 비긴 경기 수는 모두 몇 번일까요?

(   ) 번

5분 동안 생각해도 모르겠다면 다음 페이지에 있는 힌트로 ➡

힌트 1
각 팀이 이긴 수, 진 수, 비긴 수를 생각해 보자.

각 팀은 다른 모든 팀과 경기를 했기 때문에 모두 세 번씩 경기를 했다는 사실을 알 수 있습니다.
   그리고 경기에서 이기면 3점, 지면 0점, 비기면 1점을 받을 수 있습니다. 각 팀이 이긴 수, 진 수, 비긴 수를 생각해 봅시다.

힌트 2
비긴 경기를 세는 방법에 주의하자!

어떤 경기가 비기면 두 팀 모두 경기 결과는 무승부가 됩니다.
   즉 한 경기가 무승부로 끝나면 두 팀이 무승부라는 결과를 하나씩 얻게 됩니다.

힌트를 봐도 풀지 못하겠다면 해답으로 ➡ 120쪽

4

제 4 장 노크 회로

KNOCK

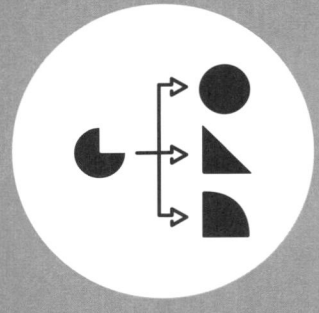

제 4 장 노크 회로

모든 가능성
샅샅이
밝혀내기

01 둥근 테이블을 둘러싸고

난이도 ★☆☆
풀이시간 5분

하늘, 진수, 니나, 해주, 네 명이 둥근 테이블을 둘러싸고 카드 게임을 하고 있습니다.

니나 : "정면에 있는 사람은 해주가 아니야."
해주 : "오른쪽에는 진수가 있어."

하늘이 앉은 자리는 알고 있습니다.

문제 진수, 니나, 해주는 어디에 앉아 있을까요?

5분 동안 생각해도 모르겠다면 다음 페이지에 있는 힌트로 ➡

\힌트/
1 두 사람이 한 말 중에서 후보를 좁힐 수 있는 것부터 생각해 보자.

문제에서 나온 말만으로 앉아 있는 위치를 곧바로 알 수 있는 사람은 잘 없습니다. 해주가 '오른쪽에는 진수가 있어'라고 한 말에 주목하여 자리 후보를 좁혀 봅시다.

니나와 해주가 한 말에 맞도록 자리를 모두 적어 봅시다.

\힌트/
2 힌트1을 통해 두 가지 경우를 생각할 수 있다.

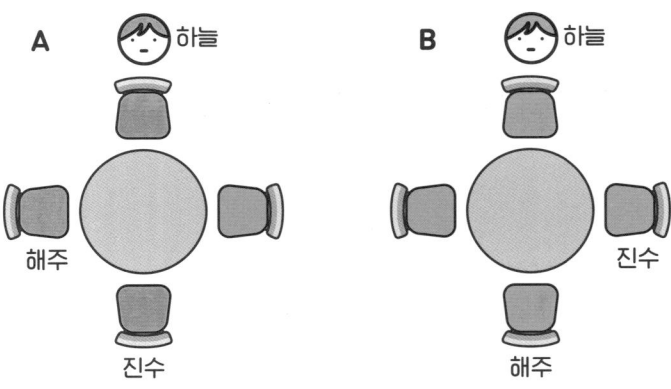

니나가 한 말에 맞는 것은 A와 B 중에서 어느 쪽일까요?

힌트를 봐도 풀지 못하겠다면 해답으로 ➡ 122쪽

02 카드 세 장

난이도 ★☆☆
풀이시간 5분

무영은 1에서 9까지의 숫자가 하나씩 적혀 있는 카드 아홉 장 중에서 세 장을 골랐습니다. 세 장 중에서 두 장을 이용하여 덧셈과 뺄셈식을 만들어 보니 답이 6개가 나왔습니다.

3, 13, 9, 6, 7, 4

문제 무영이 고른 카드 세 장의 숫자는 무엇일까요?

(   ), (   ), (   )

5분 동안 생각해도 모르겠다면 다음 페이지에 있는 힌트로 ➡

\ 힌트 /

1 **6개 답이 되는 조합을 생각해 보자.**

무영이 고른 카드 세 장에 숫자가 큰 순서대로 대, 중, 소라고 이름을 붙여 봅시다.
 이 카드 중에서 두 장을 이용하여 만들 수 있는 덧셈식과 뺄셈식은 (대+중), (대+소), (중+소), (   ), (   ), (   ) 이렇게 여섯 종류입니다.

\ 힌트 /

2 **가장 큰 수인 13을 만들 수 있는 카드를 생각해 보자.**

가장 큰 수를 만들 수 있는 식은 (대+중)입니다. 가장 큰 수가 13이므로 더하여 13이 되는 조합을 통해 대와 중을 찾습니다.
 (대-중)의 답도 3, 9, 6, 7, 4 안에 있다면 그 조합이 정답 후보라고 할 수 있습니다.

힌트를 봐도 풀지 못하겠다면 해답으로 ➡ 124쪽

03 토핑은 무엇일까?

난이도 ★☆☆
풀이시간 5분

파티에서 주문한 피자 위에 오를 토핑을 다 같이 예상했습니다.
피자 위에는 피망, 살라미, 새우, 옥수수, 베이컨 중 3가지 토핑이 올라가 있다고 합니다.

민지 : "살라미 아니면 새우가 올라가 있을 거 같아."
수아 : "피망 아니면 옥수수가 올라가 있지 않을까?"
나나 : "분명 살라미 아니면 베이컨일 거야."
민수 : "새우 아니면 옥수수일 것 같아."

네 명이 토핑을 2개씩 예상했고 모두 토핑 1개는 맞혔습니다.

문제 피자 위에 올라가 있는 토핑은 무엇일까요?

(   ), (   ), (   )

5분 동안 생각해도 모르겠다면 다음 페이지에 있는 힌트로 ➡

\힌트/
1 네 명의 예상을 표로 정리해 보자.

같은 토핑을 예상한 사람을 보기 쉽게 나타내기 위해 표로 정리해 봅시다.
각자 예상한 토핑에 동그라미를 그려 넣어 봅시다.

	피망	살라미	새우	옥수수	베이컨
민지					
수아					
나나					
민수					

\힌트/
2 모두 토핑 1개는 맞혔다는 사실에 주목해 보자.

네 명이 예상한 토핑에서 각자 1개는 맞혔습니다.
민지는 토핑으로 살라미와 새우를 예상했습니다.
만약에 살라미 토핑이 옳다면 다른 토핑은 어떻게 될까요?
만약에 새우 토핑이 옳다면 다른 토핑은 어떻게 될까요?
각각의 경우를 생각해 봅시다.

힌트를 봐도 풀지 못하겠다면 해답으로 ➡ 126쪽

04 사이좋게 나누자

난이도 ★★☆
풀이시간 5분

그림1 처럼 생긴 초콜릿을 받았습니다. 그래서 5명이 사이좋게 **그림2** 에 나오는 모양으로 나누었습니다.

그림 1

그림 2

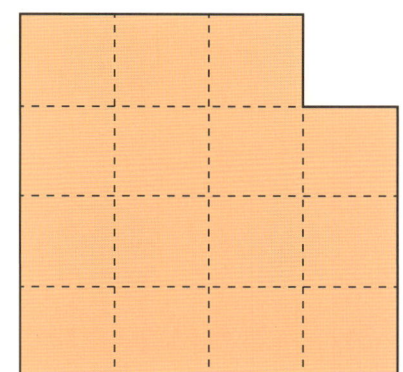
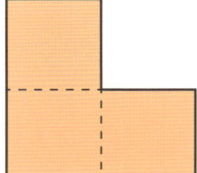

문제 그림 1의 초콜릿을 어떻게 나누었는지 선으로 표시하세요.

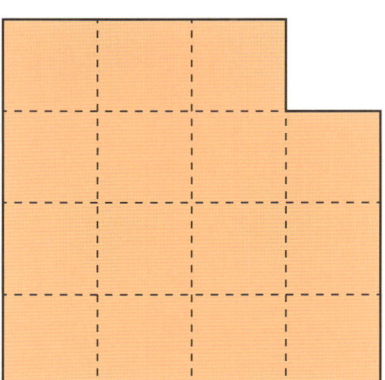

5분 동안 생각해도 모르겠다면 다음 페이지에 있는 힌트로 ➡

힌트 1
여러 방법을 시도하며 찾아보자.

그림 2 모양으로 5명이 나누어 가질 수 있는 방법을 찾아봅시다. '만약에 이곳을 이렇게 나누면 어떻게 될까?'라고 생각하는 것이 중요합니다.

그림 2 모양으로 더 나눌 수 없게 되면 그 방법은 잘못됐다는 뜻입니다.

힌트 2
끝부분부터 생각해 보자.

왼쪽 아랫부분을 나누는 방법은 세 가지가 있습니다.

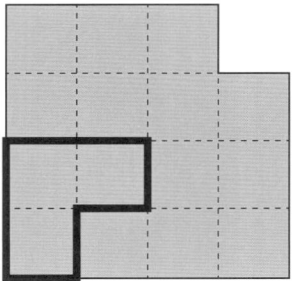 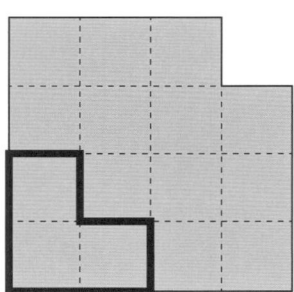 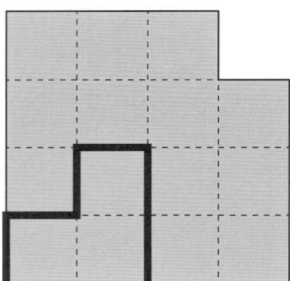

이 뒤에 어떻게 나누어지는지 생각해 봅시다.

힌트를 봐도 풀지 못하겠다면 해답으로 ➡ 128쪽

05 숫자 맞히기 게임

난이도 ★★☆
풀이시간 5분

태영과 수호가 숫자 맞히기 게임을 하고 있습니다.
1~10의 숫자 중에서 수호가 고른 숫자 다섯 개를 태영이 맞히는 게임입니다.
태영은 숫자 다섯 개를 말하고, 수호는 고른 숫자가 그 안에 있다면 해당 숫자를 더하여 합계를 말합니다.
예를 들어 수호가 1, 2, 3, 4, 5라는 숫자를 골랐을 때, 태영이 1, 3, 5, 7, 9라는 숫자를 말했다면 수호는 자신이 고른 숫자 중에서 태영이 부른 숫자에 포함되는 1, 3, 5를 더하여 9라고 대답합니다.

수호 : "새로운 숫자 5개를 골랐어."
태영 : "5, 7, 8, 9, 10은?"
수호 : "22야."
태영 : "3, 4, 6, 8, 9는?"
수호 : "17이야."

문제 수호가 고른 숫자 다섯 개를 모두 적으세요.

( ), ( ), ( ), ( ), ( )

5분 동안 생각해도 모르겠다면 다음 페이지에 있는 힌트로 ➡

힌트 1

수호가 대답한 숫자가 되는 조합을 적어 보자.

느닷없이 수호가 고른 숫자를 찾기는 어렵습니다. 그래도 태영이 말한 숫자에서 몇 가지 숫자를 더한 뒤 수호가 답하는 숫자에 실마리가 있을 것 같습니다.

먼저, 더하여 22가 되는 5, 7, 8, 9, 10의 조합과, 더하여 17이 되는 3, 4, 6, 8, 9의 조합을 찾아봅시다.

	고른 수	고르지 않은 수
첫 번째 (더해서 22)	5, 8, 9	7, 10
	5, 7, 10	8, 9
두 번째 (더해서 17)	8, 9	3, 4, 6
	3, 6, 8	4, 9

힌트 2

숫자 8에 주목하자.

두 번째 조합을 보면 어떤 경우에도 숫자 8이 들어 있습니다.

즉 수호는 틀림없이 8을 골랐다는 것을 알 수 있습니다. 첫 번째 조합 중에서 고른 숫자에 8이 들어가는 쪽이 정답이라는 뜻이 되겠죠.

힌트를 봐도 풀지 못하겠다면 해답으로 ➡ 132쪽

06 타일 모양

소율이 흰색과 검은색 타일을 규칙적으로 배열하여 아래 그림과 같은 모양을 만들었습니다.

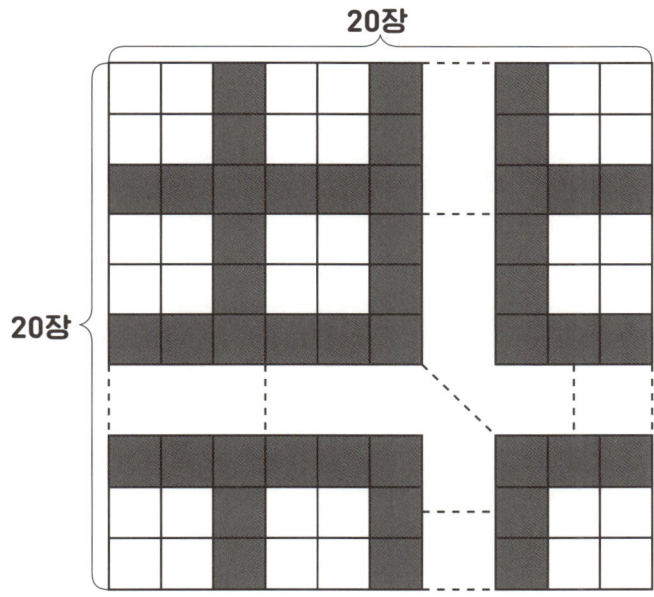

문제 검은색 타일은 몇 장 사용했을까요?

(   ) 장

5분 동안 생각해도 모르겠다면 다음 페이지에 있는 힌트로 ➡

\힌트/
1 규칙을 발견하자.

그냥 멍하니 본다고 해서 답을 알 수 있는 것은 아닙니다.
　모양의 규칙성을 발견하고 그 무늬가 몇 세트 있는지를 생각해 봅시다. 세는 방법은 다양합니다.

\힌트/
2 위에서 3행씩 구역을 나누어 보자.

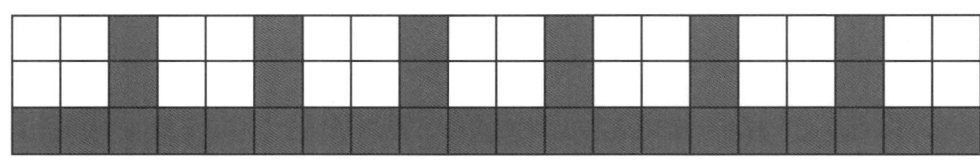

3행씩 구역을 나누면 위의 그림과 같이 무늬가 반복됩니다.
　이 안에 검은색 타일이 몇 장 있는지, 그리고 이것이 전체에 몇 세트가 있는지를 생각해 봅시다.

힌트를 봐도 풀지 못하겠다면 해답으로 ➡ 134쪽

07 숫자 스티커를 이용해서

난이도 ★★★
풀이시간 5분

0~9의 숫자 스티커가 잔뜩 있습니다.

수호는 이 스티커들을 이용하여 1~1000의 번호가 적힌 카드를 한 장씩 만들기로 합니다.

번호 1은 '1' 스티커 한 장, 번호 10은 '1, 0' 스티커 두 장, 번호 100은 '1, 0, 0' 스티커 세 장을 붙여 만듭니다.

문제 1~1000의 카드를 한 장씩 만들면 모두 몇 장의 스티커를 사용하게 될까요?

(   ) 장

5분 동안 생각해도 모르겠다면 다음 페이지에 있는 힌트로 ➡

\ 힌트 /
1 그룹을 나누어 생각해 보자.

모든 카드에 쓰인 스티커를 한 번에 세는 것은 어렵습니다.

먼저 스티커를 몇 장 사용했는지에 따라 그룹을 나누고, 각 그룹마다 카드를 몇 장 만들 수 있는지 세어 봅시다.

사용한 스티커 수는 스티커를 붙여 만들 수 있는 숫자의 자릿수와 동일합니다. 따라서 한 자릿수, 두 자릿수, 세 자릿수, 네 자릿수로 나누어 생각합니다.

한 자릿수는 1~9까지 아홉 개가 있고 스티커는 아홉 장을 사용합니다. 두 자릿수, 세 자릿수, 네 자릿수에 사용된 스티커 수도 정리해 봅시다.

\ 힌트 /
2 두 자릿수에 사용되는 스티커 수는?

두 자릿수는 10~99입니다. 두 자릿수이므로 숫자 하나를 표현하는 데 스티커 두 장이 사용됩니다.

10~99의 숫자 개수는 99에서 10을 뺀 다음에 처음 수인 10의 몫을 더하면 구할 수 있습니다. 따라서 99-10+1=90(장)입니다.

이를 통해 두 자릿수에 사용되는 스티커 수는 2×90=180장이라는 것을 알 수 있습니다.

힌트를 봐도 풀지 못하겠다면 해답으로 ➡ 136쪽

5

제 5 장 **스텝 회로**

STEP

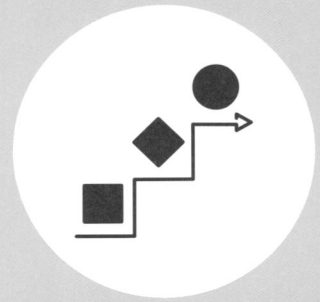

제 5 장
스텝 회로

해결을 위해
순서
구성하기

01 하트 티셔츠

예진은 색과 모양이 서로 다른 티셔츠를 세 벌 가지고 있습니다.
티셔츠 색은 빨강, 파랑, 노랑이 있고, 모양은 하트, 별, 음표가 있습니다.

> 예진 : "별 모양 티셔츠는 파래서 마음에 들어. 하트 모양 티셔츠는 빨갛지 않아서 좋아해."

문제 하트 모양 티셔츠는 어떤 색일까요?

(   )

5분 동안 생각해도 모르겠다면 다음 페이지에 있는 힌트로 ➡

\힌트/
1 색과 모양을 정리하자.

세 벌의 티셔츠 색과 모양을 정리해 봅시다. 선으로 연결하며 생각해 봅시다.

빨강 •　　　• 하트
파랑 •　　　• 별
노랑 •　　　• 음표

\힌트/
2 별 모양 티셔츠는 파래서 마음에 든다는 말에 주목하자.

별 모양 티셔츠는 파란색이므로 하트 모양 티셔츠는 빨강이거나 노랑이라는 것을 알 수 있습니다. 그다음에 예진이 한 말에 맞는 조건에 맞는 색깔을 찾아봅시다.

힌트를 봐도 풀지 못하겠다면 해답으로 ➡ **138쪽**

02 같은 숫자로

난이도 ★☆☆
풀이시간 5분

정수는 도넛을 일곱 개, 도윤은 도넛을 세 개 가지고 있습니다.
정수가 도윤에게 도넛을 몇 개 나누어 주었더니 두 명이 가진 도넛의 수가 같아졌습니다.

문제 정수는 도윤에게 도넛을 몇 개 나누어 주었을까요?

(   ) 개

5분 동안 생각해도 모르겠다면 다음 페이지에 있는 힌트로 ➡

힌트 1 한 개 나누어 주면 어떻게 될까?

두 명이 가지고 있는 도넛은 7-3=4(개)가 차이가 나니까 4개를 나누어 주면 된다고 생각한다면 그건 틀렸습니다.

정수가 도윤에게 도넛을 1개 주면 정수가 가진 도넛은 1개가 줄고 도윤이 가진 도넛은 1개 늘어나므로 두 명의 도넛 개수 차이는 2개로 줄어듭니다.

힌트 2 두 명이 가지고 있는 개수를 통해 생각해도 된다.

정수와 도윤이 가지고 있는 도넛의 개수를 모두 구해 봅시다.
그렇게 하면 같은 개수를 나누어 갖기 위해서는 정수가 몇 개를 나누어 주어야 하는지 알 수 있습니다.

안 빠져…

힌트를 봐도 풀지 못하겠다면 해답으로 ➡ 139쪽

03 사탕 세 개

난이도 ★☆☆

풀이시간 5분

해주, 하늘, 유이는 포도 맛, 딸기 맛, 레몬 맛 사탕을 각각 1개씩 받았습니다.

해주 : "내 사탕은 레몬 맛이 아니야."
하늘 : "내 사탕은 포도 맛이야."

문제 세 명이 각자 받은 사탕은 무슨 맛일까요?

해주 (   ), 하늘 (   ), 유이 (   )

5분 동안 생각해도 모르겠다면 다음 페이지에 있는 힌트로 ➡

힌트 1

어떤 사탕을 받았는지 알 수 있는 사람부터 생각해 보자.

문제에 나와 있는 순서로 생각하지 말고 알 수 있는 사람부터 순서대로 생각해도 상관이 없습니다. 누가 받았는지 알게 된 사탕은 선으로 그어 지우면 알기 쉬워집니다.

하늘은 자기가 받은 사탕이 포도 맛이라고 말하고 있으므로 이렇게 적을 수 있습니다.

해주　　(　　　)
하늘　　(포도 맛)
유이　　(　　　)

사탕
포도 맛, 딸기 맛, 레몬 맛

하늘이 받은 사탕이 무엇인지 알았으므로 딸기 맛 사탕과 레몬 맛 사탕을 누가 받았는지 파악하면 됩니다.

힌트를 봐도 풀지 못하겠다면 해답으로 ➡ 140쪽

04 귤 몇 개 무게일까?

난이도 ★★☆
풀이시간 **5**분

수아는 세 종류 과일을 저울에 올려 무게를 비교하고 있습니다.

저울 A

저울 B

문제 멜론 한 개는 귤 몇 개 무게와 같을까요?

(　　　) 개

5분 동안 생각해도 모르겠다면 다음 페이지에 있는 힌트로 →

\ 힌트 /

1 두 저울의 공통점은 무엇일까?

저울 A와 저울 B의 공통점은 사과가 있다는 것입니다.
사과를 이용하여 멜론과 귤의 무게 사이에 어떤 관계가 있는지 살펴봅시다.

\ 힌트 /

2 사과 2개는 귤 몇 개일까?

저울 A를 통해 사과 1개가 귤 2개의 무게에 해당한다는 사실을 알았습니다.
저울 B에 올라 있는 사과 2개는 귤 몇 개의 무게와 같을까요?

힌트를 봐도 풀지 못하겠다면 해답으로 ➡ 140쪽

05 딸기 따기

난이도 ★★☆

풀이시간 5분

민지, 준서, 나나, 민수는 딸기를 따러 갔습니다.
네 명은 딴 딸기 수에 관해 이야기를 나누고 있습니다.

민지 : "나나보다 적게 땄어."
준서 : "민지보다 훨씬 많이 땄어!"
나나 : "준서보다 적게 땄어."
민수 : "준서보다 많이 땄어."

문제 딸기를 많이 딴 사람 순서대로 나열하세요.

( ) → ( ) → ( ) → ( )

5분 동안 생각해도 모르겠다면 다음 페이지에 있는 힌트로 ➡

\ 힌트 /

1 각자가 한 말을 통해 알 수 있는 사실을 정리해 보자.

민지가 한 말을 통해 민지보다 나나가 딸기를 더 많이 땄다는 것을 알 수 있습니다.
   즉 나나 > 민지라는 뜻입니다.
   마찬가지로 준서, 나나, 민수가 한 말을 통해 딸기를 많이 딴 사람이 왼쪽에 오도록 정리해 봅시다.

\ 힌트 /

2 네 명이 한 말을 정리하여 생각해 보자.

네 명이 한 말을 정리해 보면 이렇게 됩니다.

   나나 > 민지
   준서 > 민지
   준서 > 나나
   민수 > 준서

이 네 가지 비교를 하나로 정리해 봅시다.

힌트를 봐도 풀지 못하겠다면 해답으로 ➡ 141쪽

06 파이프를 타고 흐르는 물

난이도 ★★★

풀이시간 5분

진수는 만들기 놀이 시간에 위에서 물을 부으면 아래에서 물길이 5개로 나뉘는 장치를 만들었습니다.

파이프가 두 갈래로 나뉘는 곳에서 물은 딱 절반으로 나뉘어 흐릅니다.

문제 위에서 물을 16리터 부으면 아래에 있는 각 양동이에는 물이 몇 리터가 모여 있을까요?

① (　　　)리터, ② (　　　)리터, ③ (　　　)리터,
④ (　　　)리터, ⑤ (　　　)리터

5분 동안 생각해도 모르겠다면 다음 페이지에 있는 힌트로 ➡

\ 힌트 /

1 위에서 순서대로 파이프를 타고 흐르는 물의 양을 생각해 보자.

파이프가 두 갈래로 나뉘는 곳에서는 물이 절반으로 나누어 흐릅니다. 파이프를 통과하는 물의 양을 위에서 순서대로 적어 봅시다.

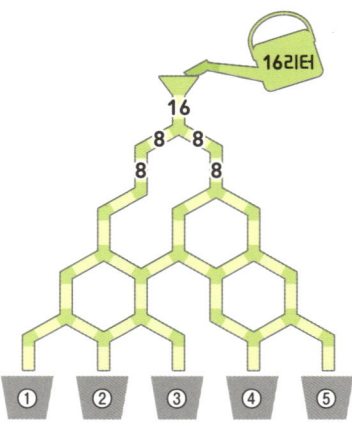

\ 힌트 /

2 나온 결과가 맞는지 확인해 보자.

①~⑤에 담긴 물의 양을 알았다면 나온 값을 모두 더해 봅시다.
위에서 16리터의 물을 부었기 때문에 나온 물의 합계도 16리터가 되어야 합니다.

힌트를 봐도 풀지 못하겠다면 해답으로 ➡ 142쪽

07 몇 번 이겼을까?

난이도 ★★★
풀이시간 5분

민석, 준서, 나나, 정수는 짝을 바꾸어 가며 한 번씩 장기를 두었습니다.

민석 : "나는 준서와 겨루어서 이겼어."
준서 : "나는 정수와 겨루어서 이겼어."
나나 : "나는 민석과 겨루어서 이겼어."
정수 : "각자 이긴 횟수는 다 다르네."

문제 네 명은 각자 몇 번 이겼을까요?

민석 (   )번, 준서 (   )번,
나나 (   )번, 정수 (   )번

5분 동안 생각해도 모르겠다면 다음 페이지에 있는 힌트로 ➡

힌트 1

승패를 표에 정리해 보자.

네 명이 짝을 바꾸어 한 번씩 장기를 두었으므로 각자 세 번씩 겨루었다는 사실을 알 수 있습니다.

네 명의 승패를 승자는 ○, 패자는 ×를 표시하여 표로 정리해 봅시다.

민석이 준서에게 이겼다는 말을 통해서 준서는 민석에게 졌다는 사실 또한 알 수 있으므로 ○와 ×를 각각 표에 적습니다.

	민석	준서	나나	정수	이긴 횟수
민석		○			
준서	×				
나나					
정수					

추가로 준서, 나나가 한 말을 통해 알 수 있는 결과를 채워 넣어 봅시다.

힌트 2

각자 이긴 횟수는 다 다르다는 말을 통해 알 수 있는 것은?

각각 세 번씩 겨루었기 때문에 가장 많이 이겼다 해도 3승이 한계입니다.

즉 네 명의 승리 횟수가 다 다르다는 말은 3승을 한 사람, 2승을 한 사람, 1승을 한 사람, 0승을 한 사람으로 나뉜다는 뜻입니다.

힌트를 봐도 풀지 못하겠다면 해답으로 ➡ 143쪽

초급편은
여기까지!

맺음말

수많은 문제에 도전하신 여러분, 감사합니다.

조금 어려운 문제를 두고 고민을 거듭하다 실마리를 발견할 때의 기쁨을 조금은 느껴 보셨나요? 그리고 천천히 고민한 다음에 해설을 보고는 아차 하고 깨달은 적이 있나요? 이 회로는 잘 쓰는 것 같고, 이 회로는 쓰는 데 좀 서툰 것 같은 것 같기도 하지요? 내 사고방식의 습관도 알게 되었을 것입니다.

"사고가 즐겁다. 사고하다 보니 이해력이 깊어졌다."
이처럼 사고하는 것이 예전보다 좋다고 느끼셨다면 더할 나위 없을 것 같습니다.

사고는 어린이부터 어른까지, 학교에서든 회사에서든, 혼자 있건 함께 있건,
살아가며 겪는 온갖 일들을 더 잘 해결하기 위해 하는 것입니다.
살다가 난처한 일을 겪거나 고민을 겪을 때 사람은 어떤 식으로 사고하는가를 아는 것이 문제 해결에 다가가는 힌트가 될 것입니다.

사람은 무언가를 생각할 때 반드시 이러한 단계를 거칩니다.
주변의 상황을 조사하고(스캔 회로), 해결하기 위한 수단을 생각하며(크리에이트 회로, 리버스 회로, 노크 회로), 이를 하나씩 실행(스텝 회로)합니다.
5가지 사고 회로는 이 순서를 분해한 것입니다.

사고 회로 5단계를 능숙하게 사용하면 사고를 하다 어느 단계에서 잘못되었는지, 다음 순서로 나아가기 위해서 어느 회로를 발휘하면 좋을지를 알게 됩니다. 또한 전 단계로 돌아가는 것이 좋은지, 계속 나아가는 것이 좋은지를 판단할 수 있습니다. 그리고 '사고를 할 때' 무엇을 해야 할지 알 수 있습니다.

이 책에 실린 문제를 통해 사고의 구조를 깨달은 여러분이라면 문제 해결이 필요한 어떤 상황에서도 사고력을 발휘할 수 있을 것입니다.

마지막으로,
저희의 마음을 헤아리고 이 책을 쓰는 데 많은 도움을 주신 분들께 감사의 말씀을 전합니다.

소니 글로벌 에듀케이션

5

해답

SOLUTION

해답

제1장 스캔 회로

01 어느 것이 더 비쌀까?

> 해설

가지고 있는 돈으로 최대한 많은 비스킷을 샀다는 말은, 남은 돈으로는 비스킷을 더 살 수 없다는 것을 뜻합니다. 그 돈으로 초콜릿은 살 수 있었으니까 초콜릿이 더 저렴하겠죠.

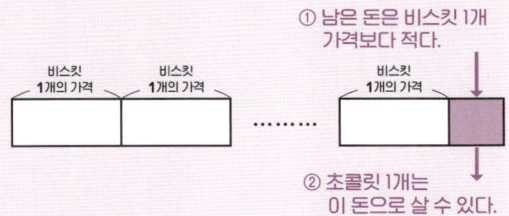

① 남은 돈은 비스킷 1개 가격보다 적다.
② 초콜릿 1개는 이 돈으로 살 수 있다.

어느 것이 더 비싼지를 묻고 있기 때문에 정답은 비스킷입니다.

> 정답

비스킷

02 가장 먼저 탈 놀이 기구는?

> 해설

각 놀이 기구를 타고 싶은 사람이 몇 명인지 정리해 보면 이렇습니다.

	관람차	고카트	바이킹	회전컵
민지	○	○		
영미		○	○	
준호		○		○
태현			○	○
미소	○		○	
정수			○	○
인원수	2명	3명	4명	3명

바이킹을 타고 싶은 사람이 네 명으로 가장 많다는 것을 알 수 있습니다.
즉 가장 먼저 탈 놀이 기구는 바이킹입니다.

> 정답

바이킹

03 주사위 놀이

> **해설**

태환이 앞으로 6칸 나아가 수미를 추월했으므로 처음에는 태환이 수미 뒤에 있었습니다.

수미와 태환 사이에는 3칸이 있었으니까 그림으로 나타내면,

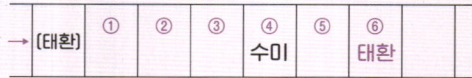

이렇게 나타낼 수 있고 이후에 태환이 6칸 앞으로 나아갔으니까,

| → | (태환) | ① | ② | ③ | ④ 수미 | ⑤ | ⑥ 태환 | |

이렇게 됩니다.

그림을 통해 알 수 있듯이 수미와 태환 사이에는 1칸이 있습니다.

> **정답**
>
> **1칸**

04 거리 두기

해설

먼저 11인용 좌석을 그림으로 나타냅니다.

그리고 사람이 앉는 곳에 색을 칠해서 표시합니다.

사람이 앉아 있는 자리와 비어 있는 자리를 교대로 두었을 때 가장 많은 인원이 앉을 수 있습니다. 게다가 양쪽 가장자리에 사람이 앉아야 더 많은 사람이 앉을 수 있겠죠.

알게 된 사실을 통해 11인용 의자 좌석에 색을 칠하면 이렇게 나타낼 수 있습니다.

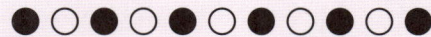

즉 가장 많이 앉았을 때 인원은 6명이 된다는 것을 알 수 있습니다.

정답

6명

05 카드는 몇 장?

> **해설**

도둑잡기 놀이의 규칙인 '가지고 있는 카드 숫자가 짝을 이루면 손에서 버리기'를 통해 이 문제에 필요한 조건을 생각해 봅시다.

- 조커는 1장뿐이다.
- 카드 무늬는 고려하지 않아도 된다.
- 카드를 모두 모으면 같은 숫자 카드는 2장 또는 4장이다.
- 니나가 가지고 있는 카드의 숫자는 겹치는 것이 없다.

이와 같은 조건을 통해 하늘, 진수, 해주가 가지고 있는 카드 중에서 같은 숫자 카드와 조커를 제외했을 때, 남은 카드와 같은 숫자의 카드를 니나가 가지고 있다는 사실을 알 수 있습니다.

세 명이 가지고 있는 카드는 [2, 7, 9, 4, 8, 7, 5, 4, 6, 조커]이며 2장씩 가지고 있는 4와 7, 그리고 조커를 제외하면 [2, 9, 8, 5, 6]이 남습니다.
니나는 이 5장의 카드와 같은 숫자의 카드를 가지고 있다는 결과가 나옵니다.

> **정답**
>
> 5장

06 펜 길이

정답

11cm

해설

문제를 통해 길이를 알 수 있는 부분을 그림으로 나타내서 정리해 봅시다.

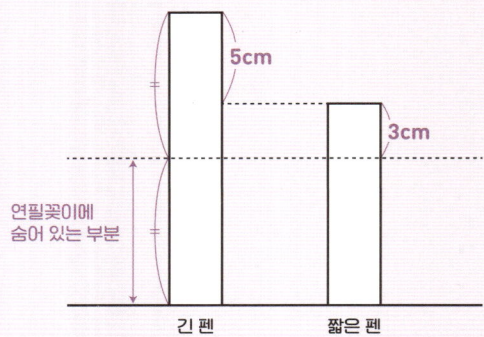

연필꽂이에서 긴 펜이 드러난 부분의 길이는 3+5=8(cm)입니다.

이는 긴 펜 길이의 절반에 해당하므로 긴 펜의 길이는 8×2=16(cm)이라는 것을 알 수 있습니다.

짧은 펜은 이보다 5cm 짧으므로 16-5=11(cm)입니다.

또는 긴 펜의 절반 길이에 3cm를 더하여 8+3=11(cm)이라고 구할 수도 있습니다.

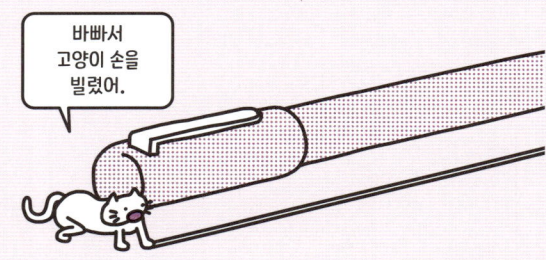

07 일의 자리 수가 3인 숫자

해설

먼저 1~99까지 일의 자리 수가 3인 숫자를 전부 적어 보면 3, 13, 23, 33, 43, 53, 63, 73, 83, 93 입니다.

즉 전부 합쳐서 10개라는 것을 알 수 있습니다.

이 숫자에서 십의 자리를 주목해 보면
0, 1, 2, 3, ……, 이렇게 0~9로 이루어져 있습니다.

100~199, 200~299, ……, 900~999도 규칙은 똑같으므로
백의 자리 수에서 일의 자리가 3인 숫자는 10개입니다.
즉 10(개)×10=100(개)이 정답입니다.

정답

100개

일의 자리 수가 3인 숫자는…

제2장 크리에이트 회로

01 수리검의 크기

> 해설

수리검 옆에 있는 삼각형 4개는 크기를 구할 수 있을 것 같습니다.

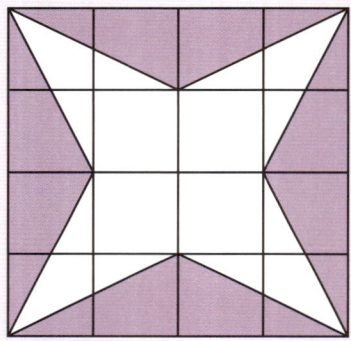

삼각형 1개의 크기에 주목해 봅시다.

삼각형 1개는 1열에 나열된 정사각형 4칸의 절반에 해당하므로 크기는 정사각형 2칸입니다.

이것이 4개가 있으므로 2×4=8(칸)이 수리검 이외의 크기에 해당합니다.

전체는 4×4=16(칸)이므로 수리검의 크기는 16-8=8(칸)이라는 것을 알 수 있습니다.

> 정답

8칸

02 누가 한 말일까?

> **해설**

따옴표 안의 말을 할 수 있는 사람이 누구인지 생각해 봅시다.

① "진수를 이겼어"라고 말할 수 있는 사람은?
▶ 니나

② "니나한테 졌어"라고 말할 수 있는 사람은?
▶ 진수, 하늘, 해주

③ "해주를 이겼어"라고 말할 수 있는 사람은?
▶ 니나, 진수, 하늘

④ "하늘을 이겼어"라고 말할 수 있는 사람은?
▶ 니나, 진수

따옴표 안의 말과 말한 사람이 잘 연결되는지 확인한 다음, 선을 그어 짝을 지어 봅시다.

①을 통해 알 수 있는 것

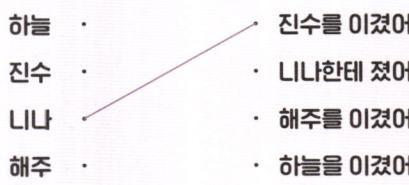

④를 통해 알 수 있는 것

하늘 •   • 진수를 이겼어
진수 •   • 니나한테 졌어
니나 •   • 해주를 이겼어
해주 •   • 하늘을 이겼어

③을 통해 알 수 있는 것

하늘 •   • 진수를 이겼어
진수 •   • 니나한테 졌어
니나 •   • 해주를 이겼어
해주 •   • 하늘을 이겼어

마지막으로 ②를 통해 알 수 있는 것

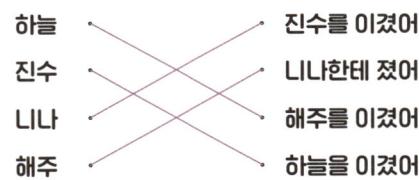

이를 통해 누가 한 말인지 모두 알 수 있습니다.

> **정답**

하늘 •   • 진수를 이겼어
진수 •   • 니나한테 졌어
니나 •   • 해주를 이겼어
해주 •   • 하늘을 이겼어

다른 해설

네 명이 각자 할 수 있는 말을 생각해 봅시다.

- A ▶ '진수를 이겼어'
- B ▶ '니나한테 졌어'
- C ▶ '해주를 이겼어'
- D ▶ '하늘을 이겼어'

이때, 하늘이 할 수 있는 말은 B, C 입니다.

진수가 할 수 있는 말은 B, C, D 입니다.

니나가 할 수 있는 말은 A, C, D 입니다.

해주가 할 수 있는 말은 B 입니다.

이를 통해 해주는 B 밖에 말하지 못하므로 B로 확정됩니다.

B가 사라졌으니 하늘이 할 수 있는 말은 C로 확정됩니다.

B와 C가 사라졌으니 진수가 할 수 있는 말은 D로 확정됩니다.

남은 A는 니나가 한 말로 확정됩니다.

03 종이 크기

해설

해주가 가진 종이를 돌려서 진수가 가진 종이 위에 겹쳐 보면 이렇게 나타납니다.

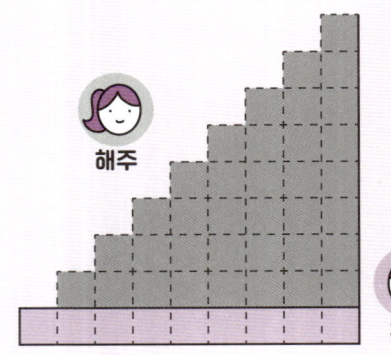

진수 종이가 9칸 더 많다는 것을 알 수 있습니다.

정답

진수 종이가 9칸 더 많다

다른 해설

칸 개수를 센 다음 빼기를 해도 답을 구할 수 있습니다.

　해주 종이……36칸

　진수 종이……45칸

　45-36=9(칸)

04 고른 카드는?

해설

카드 8장의 숫자 합계는 1+2+3+7+8+12+14+20=67입니다.

고른 카드 6장의 숫자 합계는 53이 되므로 고르지 않은 카드 2장의 숫자 합계는 67-53=14가 됩니다.

1, 2, 3, 7, 8, 12, 14, 20 중에서 카드 2장의 숫자 합계가 14가 되는 조합은 2와 12입니다.

즉 2와 12를 제외한 6장을 골랐다는 사실을 알 수 있습니다.

정답

①, 2, ③, ⑦, ⑧, 12, ⑭, ⑳

05 종이 세 장

> **해설**

정사각형의 각 변 4개 길이는 같으므로 17cm 중에서 왼쪽 종이의 변과 오른쪽 종이의 변에 해당하는 부분을 다음 그림과 같이 옮기더라도 굵은 선의 길이는 17cm입니다.

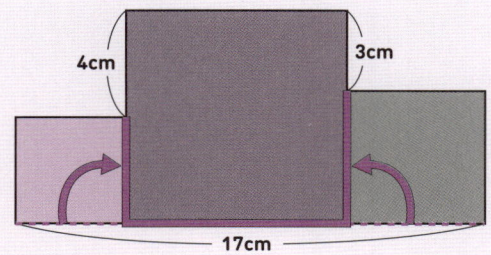

그림처럼 중앙에 있는 정사각형의 변 세 개에 해당하는 길이가 4+17+3=24(cm)라는 것을 계산할 수 있습니다. 즉 한 변의 길이는 24÷3=8(cm)이라는 것을 알 수 있습니다.

> **정답**
>
> **8cm**

06 토너먼트 경기 수

해설

여기서는 '지는 반의 수'에 주목하면 생각하기 쉬워집니다.

한 경기를 치를 때마다 이기는 반이 하나, 지는 반이 하나씩 생깁니다.

이긴 반은 다음 경기에 출전하지만 진 반은 다음 경기에 출전할 수 없습니다.

즉 토너먼트 방식에서 경기 수는 진 반의 수와 같다는 사실을 알 수 있습니다.

32개 반 중에서 진 반의 수는 우승한 반 하나를 제외한 것과 같으므로 32−1=31(반)입니다.

따라서 경기 수는 모두 31경기라는 것을 알 수 있습니다.

정답

31경기

다른 해설

토너먼트 표를 그려서 경기 수를 구합니다.
아래와 같이 그려 보면 총 몇 경기를 했는지 알 수 있습니다.

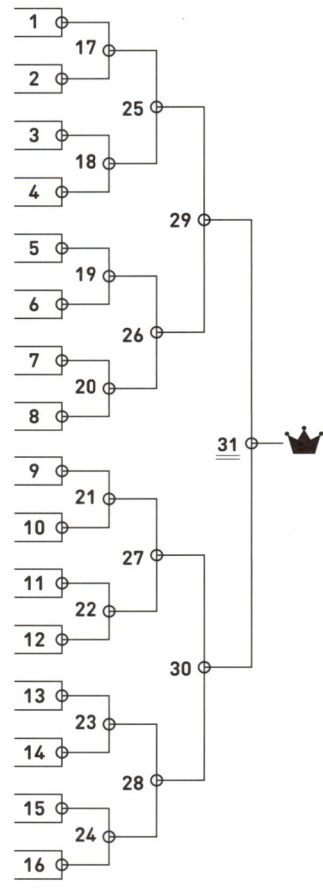

07 친구와 게임해요

정답

10분

해설

진수, 하늘, 민수, 세 명이 언제 게임을 하고 언제 책을 읽었는지 자세하게 파악하기는 어렵습니다. 따라서 관점을 바꾸어 '게임기를 사용한 시간'을 생각해 봅시다.

예를 들어 진수와 하늘이 게임을 한 시간은 10분, 진수가 게임을 한 시간도 10분, 하늘이 게임을 한 시간도 10분이 됩니다.

즉 진수와 하늘이 게임을 한 시간을 더한 값의 절반이 실제로 게임기를 사용한 시간입니다. 이렇게 생각해 보면 게임기를 사용한 시간은 세 명이 게임을 하며 논 시간을 다 더한 시간의 절반에 해당합니다. 따라서 (35+30+25)÷2=45(분)라는 것을 알 수 있습니다.

하늘와 민수가 게임을 한 시간은 바꾸어 말하면 진수가 게임을 하지 않은 시간입니다. 게임기를 사용한 시간이 45분이고 그중에서 진수가 게임을 한 시간은 35분이므로 진수가 게임을 하지 않은 시간은 45-35=10(분)입니다. 즉 하늘와 민수가 게임을 한 시간은 10분이라는 것을 알 수 있습니다.

제3장 리버스 회로

01 신발장 위치

> 해설

'오른쪽이 하트, 아래쪽이 스페이드'라는 조건 중 첫 번째 조건인 '오른쪽이 하트'에 해당하는 신발장을 찾습니다.

오른쪽이 하트이므로 하트 왼쪽에 있는 신발장을 남기고 이를 제외한 신발장을 ✖로 표시하면 이런 결과가 나옵니다.

✖로 표시되지 않은 신발장 중에서 아래쪽에 스페이드가 있는 신발장은 한 곳밖에 없습니다.

> 정답

02 이번 주 날씨

> 해설

비가 온 날의 전날은 맑음이 아니고 비도 아니기 때문에 흐림입니다.

또한 비가 온 날은 이틀, 흐린 날은 하루입니다. 만약에 화요일 이후에 비가 온 날이 이틀이라면 화요일 이후에는 무조건 전날이 있으므로 흐린 날도 이틀이 있을 터입니다.

그러나 흐린 날은 하루밖에 없으므로 전날이 없는 날, 즉 월요일은 무조건 비가 온 날이라는 것을 알 수 있습니다.

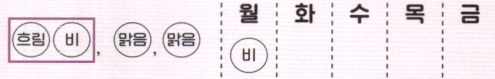

남은 요일도 흐린 날의 다음 날이 비가 온 날이 되고, 같은 날씨가 이어지지 않게 끼워 맞추면 월요일부터 순서대로 비→맑음→흐림→비→맑음이 됩니다.

> 정답

월요일 (비), 화요일 (맑음), 수요일 (흐림), 목요일 (비), 금요일 (맑음)

03 쿠키를 사러

> 해설

민석, 도윤이 한 말을 표로 정리해 보면 이렇게 나타낼 수 있습니다.

	초콜릿 맛	우유 맛	합계
민석		3개	
도윤			5개
해주			

여기서 도윤이 초콜릿 맛 쿠키와 우유 맛 쿠키를 각각 몇 개씩 샀는지 생각해 봅시다.

도윤이 산 쿠키의 합이 5개가 되기 위해서는 초콜릿 맛 쿠키 2개와 우유 맛 쿠키 3개, 또는 초콜릿 맛 쿠키 3개와 우유 맛 쿠키 2개여야 한다는 것을 알 수 있습니다.

우유 맛 쿠키를 3개 산 사람은 한 명인데 그 사람은 민석이므로 도윤은 초콜릿 맛 쿠키를 3개, 우유 맛 쿠키를 2개 샀다는 것을 알 수 있습니다.

	초콜릿 맛	우유 맛	합계
민석		3개	
도윤	3개	2개	5개
해주			

더욱이 민석이 초콜릿 맛 쿠키를 2개 샀다고 가정하면 과자 합계는 5개가 되어 '각자 산 쿠키 개수 합이 다르네'라는 해주의 말과 맞지 않게 됩니다.

따라서 민석은 초콜릿 맛 쿠키를 1개 사서 모두 4개의 쿠키를 샀다는 것을 알 수 있습니다.

	초콜릿 맛	우유 맛	합계
민석	1개	3개	4개
도윤	3개	2개	5개
해주			

마지막으로 해주는 두 종류의 쿠키 중 남은 개수인 초콜릿 맛 쿠키 2개, 우유 맛 쿠키 1개를 샀다는 것을 알 수 있습니다.

그 합계는 3개로, 이로써 민석, 도윤, 해주가 가지고 있는 쿠키의 합계가 모두 다르네요.

	초콜릿 맛	우유 맛	합계
민석	1개	3개	4개
도윤	3개	2개	5개
해주	2개	1개	3개

정답

**초콜릿 맛 쿠키 2개,
우유 맛 쿠키 1개**

이 쿠키 나 혼자 다 먹을거야.

04 8월 1일은 무슨 요일?

해설

8월은 31일까지 있습니다. 따라서 1일부터 31일까지 있는 달력을 만들면 이렇게 나타납니다.

○요일	○요일	○요일	○요일	○요일	○요일	○요일
1	2	3	4	5	6	7
8	9	10	11	12	13	14
15	16	17	18	19	20	21
22	23	24	25	26	27	28
29	30	31				

이 달력에 일요일과 수요일이 같은 횟수가 되도록 요일을 끼워 맞춰 봅니다. 일요일과 수요일 사이의 거리는 3일이므로 이렇게 나타낼 수 있습니다.

목요일	금요일	토요일	일요일	월요일	화요일	수요일
1	2	3	4	5	6	7
8	9	10	11	12	13	14
15	16	17	18	19	20	21
22	23	24	25	26	27	28
29	30	31				

따라서 실제 달력은 이렇습니다.

일	월	화	수	목	금	토
				1	2	3
4	5	6	7	8	9	10
11	12	13	14	15	16	17
18	19	20	21	22	23	24
25	26	27	28	29	30	31

그러므로 8월 1일은 목요일이라는 것을 알 수 있습니다.

정답

목요일

05 시곗바늘이 빠진 시계

해설

숫자가 적힌 시계라고 가정하면 3시 50분은 긴 바늘이 50분을 가리키는 '10', 짧은 바늘이 3시와 4시를 가리키는 '3과 4 사이에서 4에 가까운 곳'을 가리킬 것입니다.

시계에 숫자가 적혀 있다면 이렇게 적혀 있을 것입니다.

3시 50분일 때 긴 바늘이 '10'을 가리키므로 정답은 다음과 같습니다.

정답

06 카드 나누기

해설

카드 게임을 하는 사람 수를 □명이라고 하면 이렇게 나눗셈식으로 나타낼 수 있습니다.

53÷□=8(몫)……?(나머지)

이 나눗셈식에서 □에 들어맞는 수를 찾기 시작합니다.

나눗셈식의 답은 구구단을 이용해서 구할 수 있습니다.

몫인 8의 구구단을 보면 53보다 낮으면서 53에 가장 가까운 수는,

8×6=48

즉 48입니다.

이때 6을 처음 식의 □에 넣어 보면

53÷6=8……5

이렇게 되고 문제의 조건에도 맞습니다.

따라서 카드 게임을 하는 사람이 6명이라는 것을 알 수 있습니다.

참고로 나머지가 5이므로 5명이 카드를 9장 가지게 되고 남은 1명이 카드를 8장 가지게 됩니다.

정답

6명

07 비긴 경기 수는 몇 번?

해설

A팀의 총 점수는 1점입니다.
3과 1과 0의 조합으로 1을 만드는 경우는 1+0+0입니다.
1점은 무승부, 0점은 패배이므로 A팀은 1번 비기고 2번 졌다는 것을 알 수 있습니다.
마찬가지로 B팀, C팀, D팀의 점수도 생각해 봅시다.

B팀의 총 점수는 7점입니다.
3과 1과 0의 조합으로 7을 만드는 경우는 3+3+1입니다.
3점은 승리, 1점은 무승부이므로 2번 이기고 1번 비겼다는 것을 알 수 있습니다.

C팀의 총 점수는 6점입니다.
3과 1과 0의 조합으로 6을 만드는 경우는 3+3+0입니다.
3점은 승리, 0점은 패배이므로 2번 이기고 1번 졌다는 것을 알 수 있습니다.

D팀의 총 점수는 2점입니다.
3과 1과 0의 조합으로 2를 만드는 경우는 1+1+0입니다.
1점은 무승부, 0점은 패배이므로 2번 비기고 1번 졌다는 것을 알 수 있습니다.

전체 팀의 결과를 정리해 봅시다.

A : 승리 0회, 무승부 1회, 패배 2회
B : 승리 2회, 무승부 1회, 패배 0회
C : 승리 2회, 무승부 0회, 패배 1회
D : 승리 0회, 무승부 2회, 패배 1회

여기서 주의해야 할 점은 비긴 경기는 두 팀이 동시에 무승부를 기록한다는 것입니다.
즉 비긴 경기 수의 합계는 (1+1+2)÷2=2(번)라는 것을 알 수 있습니다.

정답

2번

다른 해설

A, B, C, D, 4개 팀이 경기하는 조합을 표를 이용하여 순서대로 나타내면 이렇습니다.

	A	B	C	D
A	\	○	○	○
B		\	○	○
C			\	○
D				\

(A 대 B와 B 대 A는 같은 경기이므로 경기 수는 하나로 셉니다.)

A 대 B, A 대 C, A 대 D,
B 대 C, B 대 D, C 대 D

총 6경기가 나옵니다.
패배가 결정될 때는 승리한 팀이 3점, 패배한 팀은 0점을 획득하므로 합쳐서 3점의 승점이 나옵니다.
비겼을 경우에는 양쪽 다 1점씩 획득하므로 합쳐서 2점의 승점이 나옵니다. 즉 비긴 경기가 있으면 승점 합계에서 1점이 깎인다는 뜻입니다.

총 경기 수가 6이고 비긴 경기가 없을 경우에 합계 승점은 3×6=18(점)이 됩니다.

문제에서는 모든 시합이 끝난 뒤의 승점이 A팀은 1점, B팀은 7점, C팀은 6점, D팀은 2점이라 말하고 있으므로 승점 합계는 1+7+6+2=16(점)입니다.

즉 18점보다 2점이 낮으므로 비긴 경기는 2번 있었다는 결과가 나옵니다.

제4장 노크 회로

01 둥근 테이블을 둘러싸고

> 해설

오른쪽에 진수가 있다는 해주의 말을 통해 정답은 다음에 나올 A B 중에 하나라는 것을 알 수 있습니다.

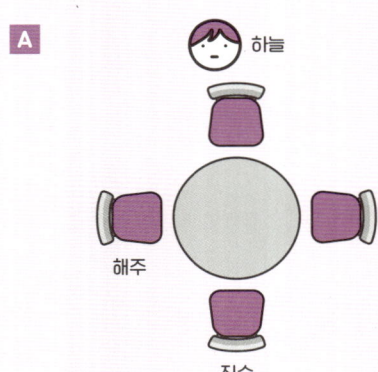

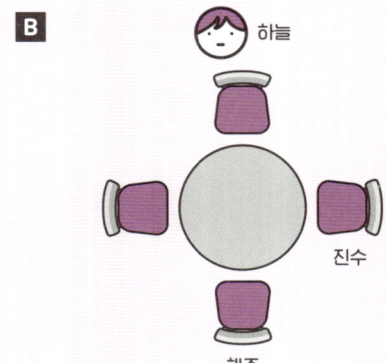

빈자리에 니나를 앉히면 다음 두 경우 중 하나가 됩니다.

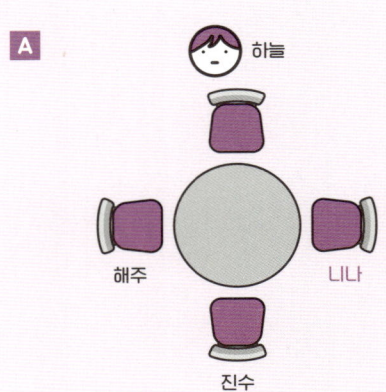

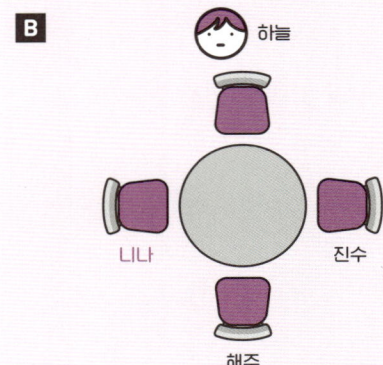

정면은 해주가 아니라는 니나의 말을 통해 A 는 아니라는 사실을 알 수 있습니다.

즉 B 처럼 자리에 앉은 것이 정답입니다.

정답

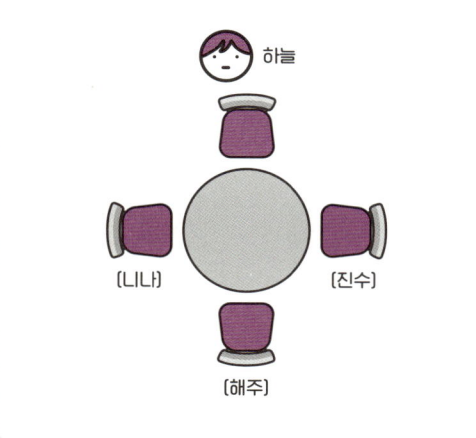

걸어온 길은 다르지만 우리는 소꿉친구야.

02 카드 세 장

정답

8, 5, 1

해설

고른 카드 세 장을 수가 큰 순서대로 나누어 대, 중, 소라고 생각해 봅시다.

더하여 13이 되는 조합(대+중)은
9+4, 8+5, 7+6을 생각해 볼 수 있습니다.
이때 (대-중)은
9-4=5, 8-5=3, 7-6=1이 됩니다.
이 중에서 답이 되는 수는 3뿐이므로 대는 8, 중은 5가 됩니다.

남은 소가 무엇인지 생각해 봅시다.
두 번째로 큰 숫자 9는 (대+소)로 만들었을 것입니다.
즉 3+소=9이므로 소=9-8=1이라는 것을 알 수 있습니다.

이를 통해 카드 세 장은 8, 5, 1이라는 답이 나옵니다.

혹시 몰라 확인해 보면

8+5=13   8+1=9
5+1=6   8-5=3
8-1=7   5-1=4

이렇게 6개의 답을 모두 만들 수 있습니다.

03 토핑은 무엇일까?

해설

같은 토핑을 예상한 사람을 쉽게 확인하기 위해 표로 정리해 보면 이렇습니다.

	피망	살라미	새우	옥수수	베이컨
민지		○	○		
수아	○			○	
나나		○			○
민수			○	○	

민지의 예상 중에서 살라미가 옳다고 가정한다면 다른 예상이었던 새우는 틀렸다는 말이 됩니다.

또한 나나도 토핑으로 살라미를 예상했으므로 다른 예상이었던 베이컨도 토핑으로 올라가 있지 않을 것입니다.

토핑은 모두 세 개이므로 토핑이 아니라는 것을 안 새우와 베이컨을 제외한 피망, 살라미, 옥수수가 정답이 될 것입니다.

	피망	살라미	새우	옥수수	베이컨
민지		○	○		
수아	○			○	
나나		○			○
민수			○	○	

그러나 이렇게 될 경우 수아의 예상(피망과 옥수수)이 둘 다 옳다는 말이 됩니다. 따라서 이 답은 틀렸습니다.

즉 처음에 살라미가 토핑으로 올라가 있을 것이라는 가정이 틀렸다는 말입니다.

그렇다면 민지가 예상했던 다른 토핑인 새우가 옳다고 가정한다면 남은 예상 토핑인 살라미는 올라가 있지 않을 것입니다.

그리고 민수도 토핑으로 새우를 예상했으므로 나머지 토핑으로 예상한 옥수수도 올라가 있지 않을 것입니다.

토핑은 모두 세 개이므로 아니라는 것이 밝혀진 살라미와 옥수수를 제외한 피망, 새우, 베이컨이 정답이 됩니다.

표를 보고 확인해 봅시다.

	피망	살라미	새우	옥수수	베이컨
민지		○	○		
수아	○			○	
나나		○			○
민수			○	○	

네 명 모두 예상이 하나씩 맞았습니다. 즉 피망, 새우, 베이컨이 토핑으로 올라가 있다는 것을 알 수 있습니다.

정답

피망, 새우, 베이컨

04 사이좋게 나누자

> **해설**

일단 이렇게 생각해 봅시다.

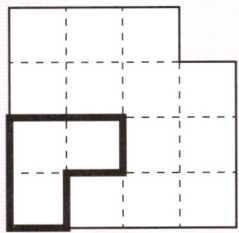

움푹 들어간 부분에 맞추어 나누면 어떻게 하여도 오른쪽 아래 공간을 사용할 수 없습니다.

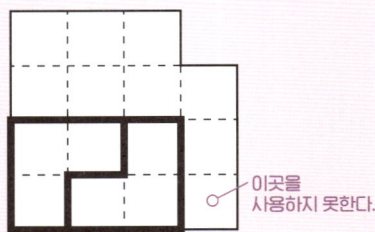

그렇다면 다음으로 이렇게 나누어 봅시다.

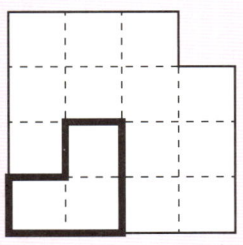

이렇게 나누는 방법도 다음 부분을 나누고 나면 공간이 부족하여 **그림 2** 모양으로 나눌 수 없습니다.

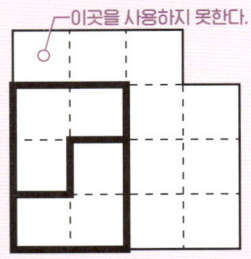

따라서 왼쪽 아래는 반드시 다음과 같은 방식으로 나누어야 합니다.

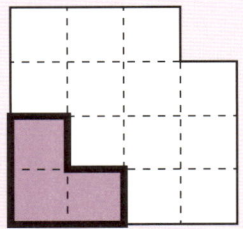

반드시 이렇게 나누기를 시작하는 초콜릿의 다음 나누기 방법도 찾아봅시다.

왼쪽 위를 주목해 봅시다. 왼쪽 위의 초콜릿을 빈틈없이 나누는 방법에는 2가지가 있습니다.

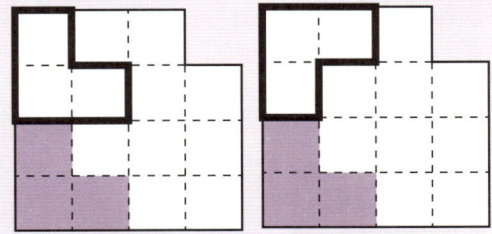

왜 틀렸는지를 되돌아보면 아래 그림과 같이 초콜릿을 나누는 방법은 잘못되었기 때문이라는 결론이 나옵니다.

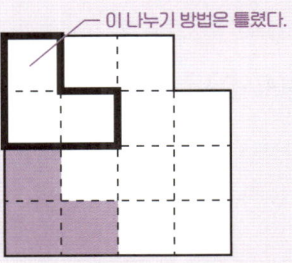

여기서 왼쪽 그림처럼 초콜릿을 나누었다고 가정해 봅시다.

이때 위쪽 공간에 그림 2 모양을 만들 수 있는 방법은 하나뿐입니다.

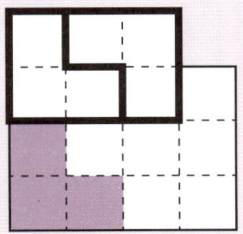

따라서 왼쪽 위의 초콜릿을 나누는 방법은 반드시 아래 그림처럼 되어야 합니다.

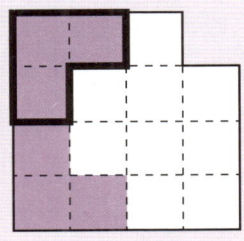

이렇게 나누면 오른쪽 위를 그림 2 모양으로 나누는 방법도 하나만 남습니다.

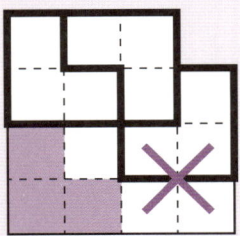

이 방법으로는 빈틈없이 초콜릿을 나누는 것이 불가능하므로 틀린 방법이라는 뜻입니다.

이번에는 오른쪽 위의 초콜릿을 나누는 방법을 생각해 봅시다. 두 가지 방법이 있습니다.

남은 부분은 다음과 같이 나눌 수 있습니다.

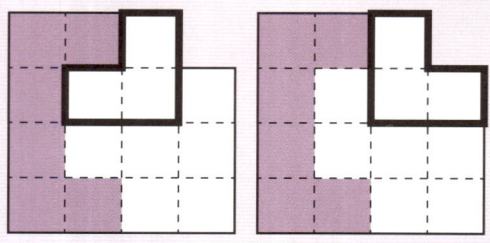

정답

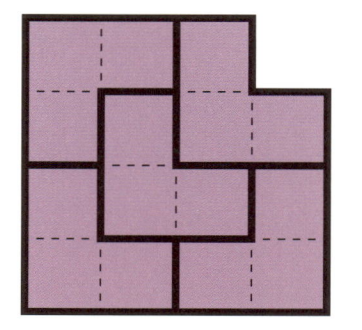

그러나 위의 왼쪽 그림처럼 나누면 초콜릿을 어떻게 나누더라도 빈틈이 생기고 맙니다.

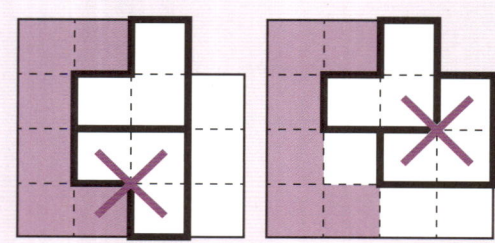

따라서 오른쪽 위의 초콜릿을 나누는 방법은 반드시 이렇게 되어야 합니다.

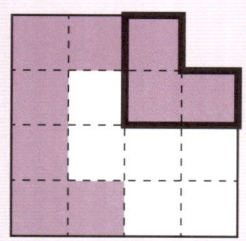

05 숫자 맞히기 게임

> **해설**

첫 번째로 말한 '더해서 22가 되는 5, 7, 8, 9, 10'의 조합과 두 번째로 말한 '더해서 17이 되는 4, 5, 6, 8, 9'의 조합을 찾아보면 이렇게 나타납니다.

	고른 수	고르지 않은 수
첫 번째 (22)	5, 8, 9	7, 10
	5, 7, 10	8, 9
두 번째 (17)	8, 9	3, 4, 6
	3, 6, 8	4, 9

여기서 두 번째 조합을 보면 어느 쪽이든 8이 들어가므로 수호는 무조건 8을 골랐다는 사실을 알 수 있습니다.

즉 첫 번째에서 말한 '더해서 22가 되는' 조합도 8이 포함된 쪽이 올바르다는 뜻이 됩니다.

수호는 5, 8, 9를 더하여 22라고 대답한 사실을 알게 되었습니다.

	고른 수	고르지 않은 수
첫 번째 (22)	**5, 8, 9**	**7, 10**
	5, 7, 10	8, 9
두 번째 (17)	8, 9	3, 4, 6
	3, 6, 8	4, 9

첫 번째 결과를 통해 5, 8, 9를 골랐고 7, 10은 고르지 않았다는 것을 알았습니다.

그리고 9를 고른 사실을 통해 두 번째는 8, 9를 골랐고 3, 4, 6은 고르지 않았다는 것을 알 수 있습니다.

	고른 수	고르지 않은 수
첫 번째 (22)	**5, 8, 9**	**7, 10**
	5, 7, 10	8, 9
두 번째 (17)	**8, 9**	**3, 4, 6**
	3, 6, 8	4, 9

이를 통해 고르지 않은 수는 3, 4, 5, 7, 10이라는 것을 알았습니다.

즉 이를 제외한 1, 2, 5, 8, 9가 수호가 고른 수입니다.

> **정답**
>
> 1, 2, 5, 8, 9

06 타일 무늬

정답

204장

해설

규칙성을 발견하여 숫자를 셉니다.

예를 들어 위의 3행만 떼어서 보면 이렇게 됩니다.

이렇게 반복되는 무늬 중에서 검은색 타일이 몇 장 있는지, 이것이 모두 몇 세트가 있는지 생각해 봅시다.

나다가 1행씩 떼어서 자세하게 확인해 봅시다.

1행은,

이렇게 나뉘어 있고 검은색 타일은 6장입니다.
2행은 1행과 같으므로 6장입니다.
3행은 전부 검은색 타일이므로 20장입니다.

즉 위쪽 3행 그림 중에서 검은 타일은 6+6+20=32(장)만큼 있습니다.

전체는 이 세트가 20÷3=6……2이므로 6세트하고 2행만큼(1행과 2행과 동일) 있습니다.

따라서 전체는 32×6+6+6=204(장)라는 것을 알 수 있습니다.

다른 해설

검은색 타일은 선을 이루고 있습니다. 세로로 난 선은 오른쪽으로, 가로로 난 선은 아래쪽으로 모아 보면 커다랗고 하얀 정사각형이 만들어집니다.

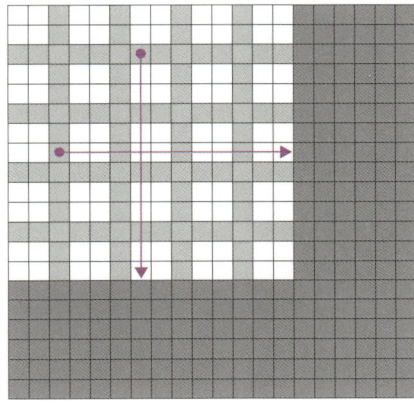

이 정사각형은 한 변마다 20-6=14(장)의 타일이 나열되어 있습니다.

즉 검은색 타일은 (20×20)-(14×14)=204(장)라고 구할 수도 있습니다.

07 숫자 스티커를 이용해서

해설

한 자릿수는 1~9로 9개이므로 사용하는 스티커 수는 9장입니다.

두 자릿수는 10~99이므로 99-10+1=90개가 있습니다.

두 자릿수를 나타내기 위해서는 스티커 2장이 필요합니다.

따라서 사용하는 스티커 수는 2×90=180(장)입니다.

세 자릿수는 100~999이며 999-100+1=900가가 있습니다.

세 자릿수를 나타내기 위해서는 스티커 세 장이 필요합니다.

따라서 사용하는 스티커 수는 3×900=2,700(장)입니다.

네 자릿수는 1000 하나뿐입니다.

따라서 사용하는 스티커 수는 4장입니다.

모든 스티커 숫자를 더하면

9(한 자릿수)+180(두 자릿수)+2700(세 자릿수) +4(네 자릿수)=2893(장)입니다.

정답

2893장

제5장 스텝 회로

01 하트 티셔츠

> 정답
>
> 노랑

해설

티셔츠 색과 모양을 선으로 연결하며 생각해 봅시다.

별 모양 티셔츠는 파래서 마음이 든다는 예진의 말을 통해 하트 티셔츠 색깔은 빨강이나 노랑이라는 것을 알 수 있습니다.

그리고 하트 모양 티셔츠는 빨갛지 않아서 좋아한다는 말에 주목해 보겠습니다.

하트 티셔츠는 빨갛지 않으므로 노랑이라는 것을 알 수 있습니다.

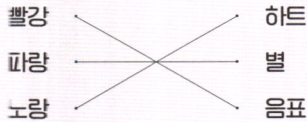

남은 음표 모양 티셔츠 색깔은 빨강이라는 것을 알 수 있습니다.

02 같은 숫자로

해설

두 명이 가진 도넛 숫자의 차이는 4개로, 정수가 도넛 1개를 나누어 주면 차이는 2개가 줄어든다는 것을 알 수 있습니다.

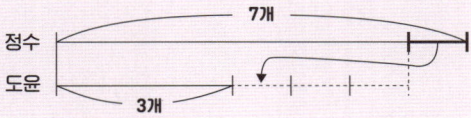

여기에 1개를 더 주면 차이는 2개, 즉 4개만큼 줄어듭니다.

정답

2개

다른 해설

정수와 도윤의 도넛을 합하면, 7+3=10(개)가 됩니다.

두 사람이 같은 수의 도넛을 나누어 가지려면, 10÷2=5(개)씩 나누면 좋지요.

다시 말해, 7개를 가지고 있는 정수는 7-5=2(개)를 도윤에게 주어야 해요.

03 사탕 세 개

해설

하늘이 한 말을 통해 하늘은 포도 맛 사탕을 받았다는 사실을 알 수 있습니다.

다음으로, 자신의 사탕은 레몬 맛이 아니라는 해주의 말에 주목해 봅시다.

남아 있는 사탕 중에서 레몬 맛이 아닌 사탕은 딸기 맛뿐입니다.

즉 해주는 딸기 맛 사탕을 받았다는 사실을 알 수 있습니다.

그렇다면 유이는 레몬 맛 사탕을 받았다는 사실을 알 수 있습니다.

정답

해주 (딸기 맛),
하늘 (포도 맛), 유이 (레몬 맛)

04 귤 몇 개 무게일까?

해설

저울 A를 봅시다.

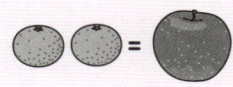

이렇기 때문에 저울 B에 있는 사과 2개는 귤 4개와 무게가 같습니다.

즉 멜론 1개는 귤 4개와 같다는 것을 알 수 있습니다.

정답

4개

05 딸기 따기

> **해설**

각자가 한 말을 통해 네 명이 딴 딸기의 양을 비교하면 이러한 사실을 알 수 있습니다.

　　나나 > 민지
　　준서 > 민지
　　준서 > 나나
　　민수 > 준서

네 명이 한 말을 통해 정리한 내용에서 위치는 바꾸지 말고 같은 이름이 세로로 나열되도록 배치를 해 봅시다.

```
                    나나  >  민지
          준서            >  민지
          준서  >  나나
민수  >  준서
```

즉 민수 > 준서 > 나나 > 민지 순서라는 것을 알 수 있습니다.

> **정답**
>
> **민수 → 준서 → 나나 → 민지**

06 파이프를 타고 흐르는 물

나온 물의 총합은 2+5+3+5+1=16(리터)이며 부은 물의 양과 일치합니다.

정답

①2리터, ②5리터, ③3리터, ④5리터, ⑤1리터

해설

16리터 물이 어떻게 나뉘는지 위에서 순서대로 생각해 봅시다.

파이프가 합류하는 곳은 위에 있는 파이프 2개에서 흐르는 물의 양을 더하면 되므로 가장 아래 파이프까지 계산해 보면 이렇게 됩니다.

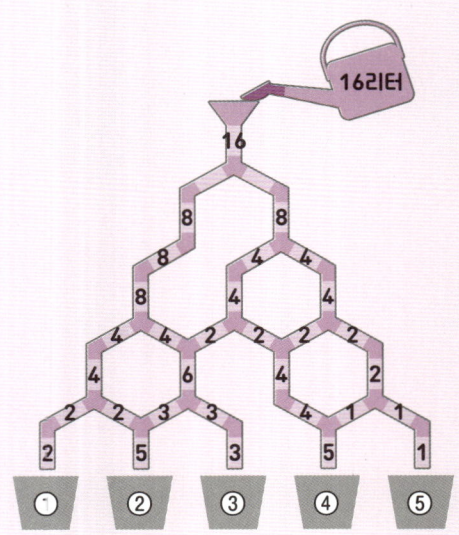

07 몇 번 이겼을까?

해설

승리를 ○, 패배를 ×로 표시하여 표를 만듭니다.

민석 : 나는 준서와 겨루어서 이겼어
준서 : 나는 정수와 겨루어서 이겼어
나나 : 나는 민석과 겨루어서 이겼어

위의 말을 통해 알 수 있는 것들을 표시하면 이렇게 됩니다.

	민석	준서	나나	정수	이긴 횟수
민석		○	×		
준서	×			○	
나나	○				
정수		×			

여기서 정수는 각자 이긴 횟수가 다 다르다고 말했습니다. 네 명은 각자 세 번씩 대전을 했으므로 이긴 횟수는 0번, 1번, 2번, 3번이라는 사실을 알 수 있습니다.

위의 표를 보면 민석, 준서, 정수가 1번씩은 졌기 때문에 3번 이긴 사람은 나나로 확정됩니다.

나나의 전적에 ○를 표시합니다.

이때 나나에게 진 사람에게 × 표시를 적는 것도 잊지 않도록 합시다.

	민석	준서	나나	정수	이긴 횟수
민석		○	×		
준서	×		○	○	
나나	○	○		○	3번
정수		×	○		

이렇게 적고 나면 1번 이긴 사람은 준서로 확정됩니다.

정수는 2번 졌으므로 2번 이길 가능성은 없다는 것을 알 수 있습니다.

즉 2번 이긴 사람은 민석, 1번도 지지 않은 사람은 정수라는 사실을 알 수 있습니다.

	민석	준서	나나	정수	이긴 횟수
민석		○	×	○	2번
준서	×		×	○	1번
나나	○	○		○	3번
정수	×	×	×		0번

정답

민석 (2)번, 준서 (1)번,
나나 (3)번, 정수 (0)번

옮긴이 강태욱

영남대학교 경영학과 재학 중으로 현재 번역 에이전시 엔터스코리아 출판기획 및 일본어 전문 번역가로 활동하고 있다. 주요 역서로는 《자동차 세차 교과서》《맛과 멋이 있는 도쿄 건축 산책》 등이 있다.

초등 수학 천재로 키우는

1판 1쇄 펴낸 날 2021년 8월 30일

지은이   소니 글로벌 에듀케이션
옮긴이   강태욱
주 간   안정희
편 집   윤대호, 채선희, 이승미, 윤성하, 이상현
디자인   김수인, 이가영, 김현주
마케팅   함정윤, 김희진

펴낸이   박윤태
펴낸곳   보누스
등 록   2001년 8월 17일 제313-2002-179호
주 소   서울시 마포구 동교로12안길 31 보누스 4층
전 화   02-333-3114
팩 스   02-3143-3254
이메일   viking@bonusbook.co.kr
블로그   http://blog.naver.com/vikingbook

ISBN   978-89-6494-507-0 73410

바이킹은 보누스출판사의 어린이책 브랜드입니다.

• 책값은 뒤표지에 있습니다.